Hamburg

zu Fuß entdecken

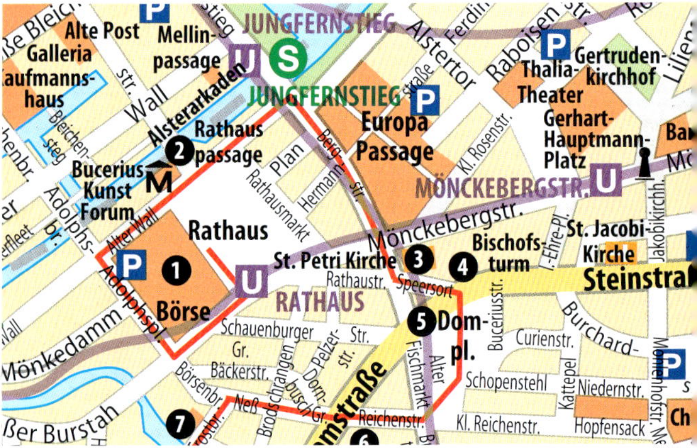

Gehen Sie zu Fuß auf Entdeckertour und erkunden Sie Ihre Lieblingsstadt mit all ihren Facetten und verborgenen Winkeln. Jede Tour führt Sie in eine andere Gegend, lässt Sie überraschende Eindrücke sammeln und Altbekanntes neu genießen.

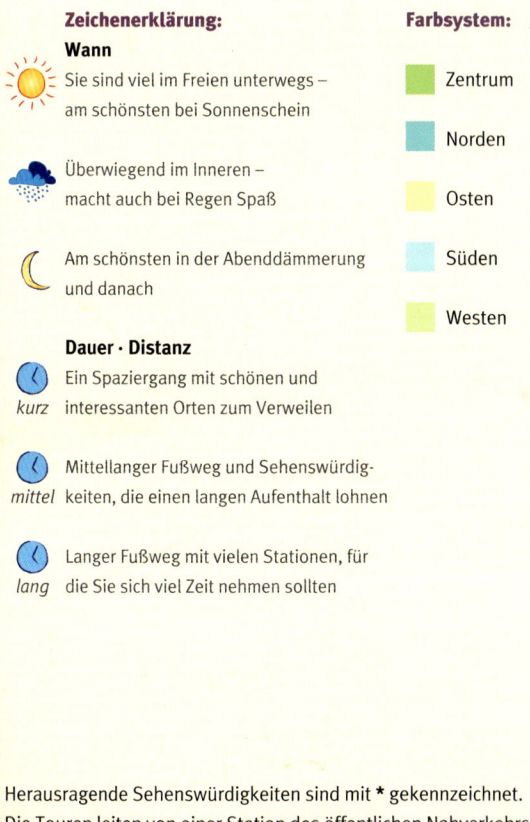

Zeichenerklärung:

Wann

Sie sind viel im Freien unterwegs –
am schönsten bei Sonnenschein

Überwiegend im Inneren –
macht auch bei Regen Spaß

Am schönsten in der Abenddämmerung
und danach

Dauer · Distanz

kurz Ein Spaziergang mit schönen und
interessanten Orten zum Verweilen

mittel Mittellanger Fußweg und Sehenswürdigkeiten, die einen langen Aufenthalt lohnen

lang Langer Fußweg mit vielen Stationen, für
die Sie sich viel Zeit nehmen sollten

Farbsystem:

Zentrum

Norden

Osten

Süden

Westen

Herausragende Sehenswürdigkeiten sind mit ***** gekennzeichnet.
Die Touren leiten von einer Station des öffentlichen Nahverkehrs,
Bus, **S** und **U**, zu einer anderen – Parkplatzsuche überflüssig.

Unsere besten city Tipps:

Hotels   Seite 128

Alsterblick • East • Generator Hostel Hamburg •
Louis C. Jacob • Onyx • Scandic Hamburg Emporio
• Schanzenstern • SIDE • Steigenberger Hotel
Hamburg • Superbude

Restaurants   Seite 132

Blockbräu • Bullerei • Cornelia Poletto • Deichgraf
• Die Mühle • Fischereihafenrestaurant • Kypros •
Konditorei Lindtner • Literaturhauscafé • Nau •
Schwerelos & Zeitlos • Seven Seas • Slowman •
Wasserschloss • Wasserwerk Wilhelmsburg

Shopping   Seite 138

Bonscheladen • Bücherstube Felix Jud • HSV City
Store • Hummer Pedersen • Hundertmark Wes-
ternstore • Koppel 66 • Montblanc Boutique •
Museumsladen im Freilichtmuseum Kiekeberg •
Pappnase • Schokovida • Seekiste • Shirtlab •
Stüdemanns Kaffee & Teeladen • Wäschehaus
Möhring • Wede

Nightlife   Seite 144

20up Bar • Abaton Kino und Bistro • Cotton Club •
Docks • Frau Hedi • Knust • Nachtmichel • Planetarium • Schmidts Tivoli • Thalia Theater

 **Hamburg Innenstadt**

 **Hamburg Übersicht**

Preiskategorien im Überblick:

Hotel (DZ inkl. Frühstück):
○○○   ab 170 €
○○   bis 170 €
○   bis 100 €

Restaurant (Hauptgericht):
○○○   ab 25 €
○○   bis 25 €
○   bis 15 €

kurz

Auf den Spuren von Hamburgs Geschichte

***Rathaus → St. Petri → Bischofsturm → Domplatz →
Afrikahaus → Patriotische Gesellschaft → Trostbrücke →
Mahnmal St. Nikolai → Deichstraße**

Das Rathaus steht für Hamburgs hanseatische Tradition, der
Ursprung der Stadt liegt allerdings rund um den Domplatz. Typisch
für die Altstadt sind dekorative Kontorhaus-Fassaden und einige
historische Kaufmannshäuser entlang der Fleete.

Start:	❶ Rathaus (U 3)
Ziel:	❶ Baumwall (U 3)
Wann:	jederzeit, weniger geschäftig ist es sonntags und nach 20 Uhr

Rathaus

Das ***Rathaus** ❶ mit seiner Neorenaissance-
Fassade und dem 110 m hohen Turm markiert seit 1897 das moderne Zentrum der
Hansestadt. Bei einer Führung (10–15, Sa bis
16, So bis 17 Uhr) durch die prachtvollen
Räume von Bürgerschaft und Senat erfährt
man vom Auf und Ab der Stadt seit dem
9. Jh. – so auch vom Großen Brand im Jahr 1842, der den Neubau
des Rathauses es nötig machte. An seine Rückseite schließt sich
die 1842 vor dem Brand gerettete klassizistische **Börse** an, die
heute Sitz der Handelskammer ist. Im einstigen Reichsbankge-
bäude zwischen Rathaus, Alsterfleet und **Schleusenbrücke** ❷
präsentiert das **Bucerius Kunstforum** (11 bis 19, Do bis 21 Uhr)

hochkarätige Kunstausstellungen. Auf den Stufen der **Kleinen Alster** genießt man danach den Blick auf die **Alsterarkaden**, Schwäne und Möwen.

Vom Reesendamm, wo die Alster im 12. Jh. gestaut wurde, »steigt« die Bergstraße um 7 m an: Hamburgs älteste Pfarrkirche, die **Hauptkirche St. Petri ❸** (Mo–Sa 10–17, So 11.30–17 Uhr), war dadurch vor Überflutungen geschützt. Der heutige Bau

Alsterarkaden

ist eine Rekonstruktion nach dem Feuer von 1842. Im Untergeschoss der Bäckerei »Dat Backhus« sieht man durchs Fenster auf die Fundamente des sog. **Bischofsturms ❹** , er war Teil der Stadtbefestigung des 12. Jh. Auf der Anhöhe soll sich die im Jahr 810 errichtete **Hammaburg** befunden haben. Diese Festung schützte Missionsstation, Bischofssitz und **Mariendom**. Er wurde 1807 abgerissen und durch das Gymnasium Johanneum ersetzt. Es fiel, wie so viele Innenstadtbauten, den Bomben des Zweiten Weltkriegs zum Opfer. Der **Domplatz ❺** markiert den Ursprung Hamburgs. Seit 2009 erinnert eine riesige Rasenfläche mit 39 weißen, abends illuminierten Sitzwürfeln an den geschichtsträchtigen Ort. Ihm westlich gegenüber, ganz profan: der **HSV City Store** (s. Shopping, S. 139).

Hamburgs Altstadt hat alle mittelalterlichen Bauten verloren, erhalten blieben aber alte Straßennamen wie etwa **Große Reichenstraße**. Im denkmalgeschüzen **Afrikahaus ❻** von 1899 (Nr. 27) residiert die seit Mitte des 19. Jh. in Afrika tätige Handelsfirma C. Woermann. Baumeister Martin Haller verewigte hier mit Elefanten- und Palmenzierrat die Kolonialzeit. Die gemeinnützige **Patriotische Gesellschaft von 1765 ❼** ist bis heute sozial und kulturell aktiv. Ihr dunkler Backsteinbau am **Niko-**

laifleet steht seit 1847 an der Stelle des früheren Rathauses.

Beschaulich ist der Blick aufs Fleet, Hamburgs erstem Hafen, von der **Trostbrücke** ❽ mit den **Skulpturen** von **Bischof Ansgar** und **Graf Adolf II. von Schauenburg**. Er schuf 1189 die Voraussetzung für Hamburgs Hafenblüte. Jenseits des Fleets ist der mit Statuen geschmückte **Laeiszhof** von 1898 heute noch Sitz der bald 200-jährigen Reederei Laeisz. An den Zweiten Weltkrieg erinnert das **Mahnmal St. Nikolai** ❾ (Mai–Sept. 10–20, sonst 10–17 Uhr). Die mittelalterliche Hauptkirche wurde nach der Bombardierung 1943 zur Ruine, nur ihr Turm erwies sich als standhaft. Ein Lift führt zur **Aussichtsplattform** in 76 m Höhe.

Die **Holzbrücke** ❿ des 13. Jh. baute man erst nach dem Großen Brand aus Stein; hier am Nikolaifleet eröffnen sich Aussichten auf das alte und moderne Hamburg: nach Osten z.B. auf das gläserne Hochhaus von 1964 der Reederei Hamburg Süd oder auf den Turm der **Hauptkirche St. Katharinen**, die aus dem 13. Jh. stammt; nach Westen auf eine malerische Zeile historischer **Kaufmannshäuser** entlang dem Fleet. Sein Wasserspiegel hebt und senkt sich übrigens mit den Gezeiten.

Einige Häuser zwischen Nikolaifleet und der **Deichstraße** ⓫ überdauerten das Feuer von 1842. In den Häusern aus dem 17. und 18. Jh. in der Deichstraße befinden sich einige originelle Gasthäuser, z.B. das stilvolle Restaurant **Deichgraf** (s. Restaurants, S. 133).

Touren im Anschluss: 3, 4, 7, 8

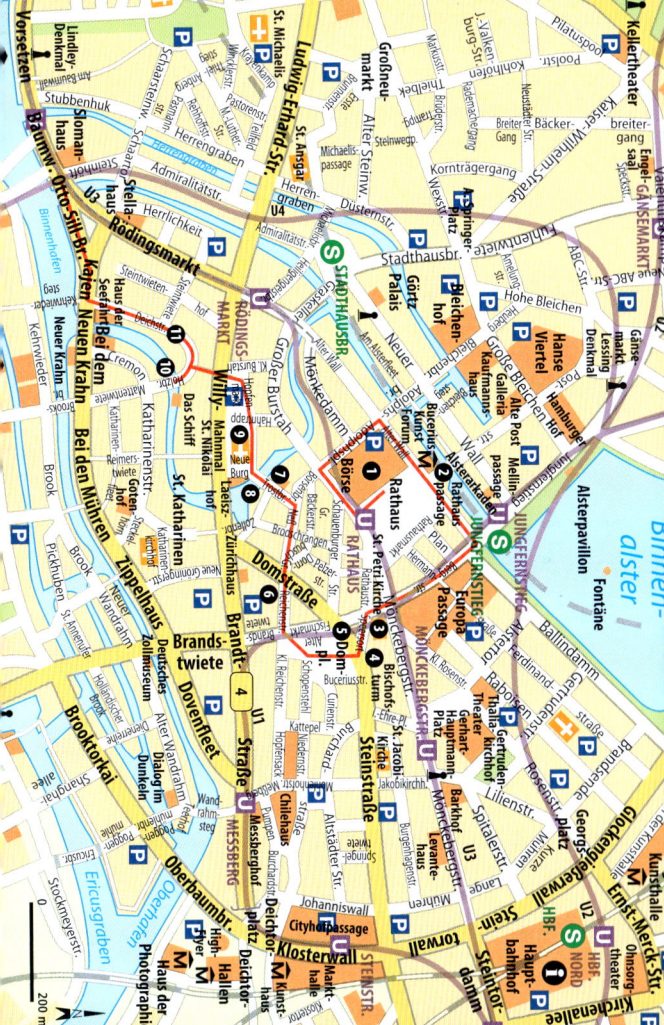

Durch die Wallanlagen zum *Michel

mittel

Planten un Blomen → Laeiszhalle → Museum für Hamburgische Geschichte → Brahms-Museum → *Michel → Stintfang

Planten un Blomen ist ein Naturparadies mitten in der City; die Parkanlage führt zum Museum für Hamburgische Geschichte. Die Peterstraße bewahrt die Erinnerung an das 17. und 18. Jh., Höhepunkt ist die Kirche St. Michaelis (kurz: Michel), Hamburgs Wahrzeichen mit einer grandiosen Aussicht.

Start: Ⓢ Dammtor (S 11, 21, 31) oder Ⓤ Stephansplatz (U 1)
Ziel: Ⓢ/Ⓤ Landungsbrücken (S 1, 3; U 3)
Wann: bei trockenem Wetter; im Sommer abends Wasserlichtkonzerte; Aussicht vom Michel tagsüber und abends

Seit der Int. Gartenbauausstellung (IGA) 1953 genießen die Hamburger ihren weiträumigen Park **Planten un Blomen ❶** und im Sommer auch die abendliche **Wasserlichtorgel** (Mai–August ab 22, Sept. ab 21 Uhr). Sehenswert im Park ist der **Japanische Garten** zwischen Messe und Congresszentrum (CCH). Im Teehaus wird man in eine klassische Teezeremonie eingeweiht (Mai–Sept.). Eine architektonische Besonderheit sind die **Schaugewächshäuser ❷** des Botanischen Instituts mit ihrer exotischen Flora.

   Die Botaniker siedelten allerdings schon 1979 in den »neuen« Botanischen Garten in

Wasserlichtorgel

Klein Flottbek (s. Tour 29, S. 122) um. Ihr Institutsgebäude von 1912 nutzt die **Bucerius Law School** ❸, die erste private rechtswissenschaftliche Hochschule Deutschlands.

Südwärts folgt man den seit der IGA 1973 neu gestalteten **Wallanlagen** – hier lag Hamburgs Stadtbefestigung, die 1616–25 vom holländischen Festungsbaumeister Jan van Valckenborgh errichtet und im Laufe des 19. Jh. entfernt wurde.

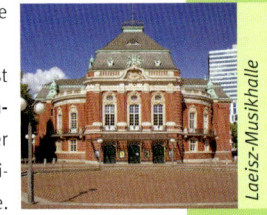

Oberlandesgericht

Am **Sievekingplatz** ❹ ragen die drei kaiserzeitlichen Bauten des Oberlandesgerichts, des Zivil- und des Strafjustizgebäudes auf. Das Oberlandesgericht in der Mitte ist gelegentlich Kulisse für einen der vielen Hamburger Fernsehkrimis. Gegenüber am Johannes-Brahms-Platz steht die neobarocke **Laeiszhalle** ❺, bis zur Eröffnung der im Bau befindlichen Elbphilharmonie (s. Tour 8, S. 37) dient sie als wichtigstes Konzerthaus der Stadt.

Laeisz-Musikhalle

Von den Wallanlagen gut zu sehen ist der rote Backsteinbau der **Handwerkskammer** ❻, den der Architekt und Stadtplaner Fritz Schumacher 1912–17 entwarf. Viele seiner Bauten prägen die Stadt bis heute. Ebenfalls ein Schumacherbau ist das **Museum für Hamburgische Geschichte** ❼ (Hamburgmuseum, Di–So 10–17/18 Uhr). Es gibt einen guten Überblick über 1200 Jahre Stadtgeschichte von der Hammaburg bis heute. In der 2. Etage befindet sich die größte europäische Eisenbahnmodellanlage im Maßstab 1 : 32.

In der nahen **Peterstraße** rekonstruierte die Carl-Toepfer-Stiftung 1966–82 althamburgische Kaufmannshäuser, darunter auch Johannes Brahms' Geburtshaus von 1751. Hier befinden sich das **Brahms-Museum** ❽ (Di–So 10–17 Uhr) und das **Telemann Museum** (Di, Do, Sa, So 10–17 Uhr). Georg Philipp Telemann prägte als »Director Musices« das Musikleben der Barockzeit in Hamburg. Während die Häuser der Peterstraße prächtige Fassaden zur Schau stellen, weist das original erhaltene **Beylingstift** auf dem Hinterhof auf die ärmlichen Wohnverhältnisse im 18. Jh. hin. Lebhaft geht es allabendlich auf dem **Großneumarkt** ❾ zu – dank der bunten Kneipenszene vom betagten Jazzklub bis zum experimentellen literarischen Café.

Der ***Michel** ❿, die evangelische **Hauptkirche St. Michaelis**, ist ein Prunkstück des Barock. Überwältigend sind die Orgelkonzerte dort; eine Kostprobe erhält man montags bis samstags zur kurzen Mittagsandacht. In der Kirchengruft sind bekannte Persönlichkeiten bestattet wie C. Ph. E. Bach oder Kirchen-Baumeister Georg Sonnin. Die Aussicht vom Turm in 82 m Höhe bleibt unvergesslich: das weite Elbtal mit dem Hafen, St. Pauli mit dem Hochhaus »Tanzende Türme«, die City und die Außenalster (Mai–Okt. 9–20, sonst 10–18 Uhr, Turm nachts: www.nachtmichel.de). Östlich des Michels duckt sich im Hinterhof eine Doppelreihe kleiner Fachwerkbauten, die **Kramerwitwenwohnungen**, sie geben eine Ahnung von den einstigen ärmlichen »Gängevierteln«.

Orgel im Michel

Die Wallanlagen stoßen bei der Anhöhe **Stintfang** ⓫ fast an die Elbe. Zwei **Aussichtsterrassen** unterhalb der Jugendherberge bieten ein postkartenschönes Hafenpanorama mit den Landungsbrücken und dem Alten Elbtunnel.

Touren im Anschluss: 3, 9, 10, 11, 12, 15

mittel

Luxuspassagen und Architekturjuwelen

Alsterpavillon → **Alsterarkaden** → **Neuer Wall** →
Alte Post → **Hanseviertel** → **Gänsemarkt** → **Colonnaden** →
Nivea Haus

Jungfernstieg und Neuer Wall sind Inbegriffe für exklusives Shopping in alteingesessenen Geschäften und internationalen Flagshipstores. Nach dem Großen Brand 1842 entstand die Stadt hier neu, um 1900 baute man noble Bürohäuser. In den 1970er-Jahren entstanden elegante Ladenpassagen mit einer interessanten Architektur.

Start: Ⓢ/Ⓤ Jungfernstieg (S 1, 3; U 1, 2, 4)

Ziel: Ⓤ Gänsemarkt (U 2)

Wann: zu üblichen Geschäftszeiten, Jungfernstieg und
Umgebung auch sonntags

Heinrich Heine (1797–1856) saß gern im **Alsterpavillon** ❶ am **Jungfernstieg**, dachte »an nichts« und betrachtete »die jungen Mädchen, die vorübergingen«. Das Café (Jungfernstieg 54, ◯) eröffnete 1799 und hat sich bis heute erhalten, auch wenn es sich mit jedem Besitzerwechsel veränderte. Was dem Dichter natürlich entging, ist das **Heine-Haus** (Nr. 34), ein feines Jugendstil-Bürogebäude von 1903 mit geschwungener Fensterfront neben der exquisiten Einkaufspassage **Hamburger Hof** ❷ (Nr. 26–30, www.hhof-passage.de). Das Gebäude aus rotem Sandstein ist jünger als es aussieht;

Jungfernstieg

es wurde dem gleichnamigen Hotel von 1881 an dieser Stelle nachempfunden und in den 1970er-Jahren als Bürohaus mit eleganter **Ladenpassage** neu gebaut.

Beherrschendes Bauwerk am Jungfernstieg ist der Kaufpalast **Alsterhaus** ❸ (Nr. 16–20), der 2012 sein 100-jähriges Bestehen feierte. Den Auftakt am Eingang macht die Parfümerie-Abteilung, die hohen Räume haben etwas Majestätisches, und an den Besuch von Prinz Charles und Lady Diana im Jahr 1987 wird gern erinnert.

Kleine, feine Geschäfte an den **Alsterarkaden** ❹ führen feine Tees oder Bernstein; gern lässt man sich an einem Cafétischchen nieder, und hält inne beim Blick auf die Kleine Alster und das Rathaus. Alexis de Chateauneuf hat im Jahr nach dem Großen Brand von 1842 diesen schönen weißen Bogengang am Wasser geschaffen. Etwa in der Mitte zweigt die **Mellin-Passage** mit ihren verspielten Decken-Malereien ab, sie eröffnet den Durchgang zum Neuen Wall. Dort befindet sich eine Hamburger Institution: Bücherstube, Antiquariat und Kunsthandel **Felix Jud** (Nr. 13; s. Shopping, S. 139), eine weitere ist der Herrenausstatter **Ladage & Oelke** (Nr. 11, www.ladage-oelke.de), bekannt für seine perfekte Maßkonfektion, neuerdings auch für Damen.

Der **Neue Wall** ist Hamburgs allerfeinste Shoppingadresse (www.neuerwall-hamburg.de). Hier residieren neben alteingesessenen Geschäften die internationalen Top-Marken: Jil Sander, Gucci, Louis Vuitton, Escada, **Montblanc** (s. Shopping, S. 140), Alessi und Habitat sowie Hamburgs Wäschehaus **Möhring** (s. Shopping, S. 143). Dem noblen Vorbild versucht die

Alsterarkaden

westliche Parallelstraße nachzueifern: Man passiert die **Alte Post ❻** mit ihrem Turm, einen Chateauneuf-Bau von 1847, oder schlendert durch die schwarz-weiß-designte Passage **Galleria** nebenan in die nächste Einkaufsmeile **Große Bleichen**. Hier

dominiert die 1980 von Gerkan, Marg & Partner im Backsteinstil entworfene Passage **Hanseviertel ❼** mit 65 feinen Geschäften, darunter **Wede**, Spezialist u.a. für Schiffsmodelle (s. Shopping S. 143), sowie mit Restaurants und dem legendären **Hummerimbiss**.

Ein architektonisches Juwel von 1905 ist die luxussanierte Passage im **Kaufmannshaus ❽**. Der **Bleichenhof ❾** lockt mit dem **Restaurant Grill & Green** direkt am Bleichenfleet (○○).

Das City-Shoppingviertel wächst bis in die Gassen der Neustadt hinein: Antiquitätengeschäfte beleben die Jugendstilbauten in der **Fuhlentwiete ❿**, exklusives Modedesign breitet sich in der **ABC-Straße ⓫** aus, um die Ecke hat Angela Merkels Modedesignerin **Bettina Schoenbach** ihr Atelier (Neue ABC-

Straße 1), auch am **Gänsemarkt ⓬** gibt es interessante Boutiquen. Durch die **Gänsemarktpassage** bummelt man zur gemütlichen Fußgängerzone der gründerzeitlichen **Colonnaden ⓭** und darf hier in die Café-Sessel sinken. Oder man lässt sich im **Nivea Haus ⓮** (Jungfernstieg 51, Mo–Sa 10 bis 20 Uhr) mit einer Fußreflexzonenmassage verwöhnen – Blick frei auf die Binnenalster.

Touren im Anschluss: 1, 2, 4, 6

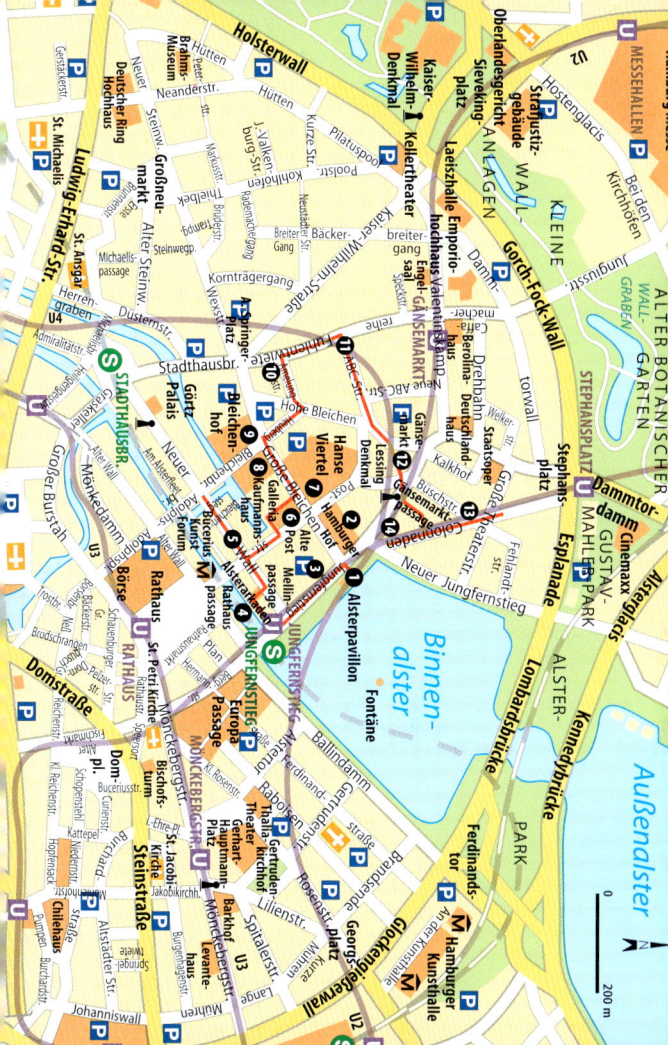

kurz

Hamburgs beliebte Shoppingmeile

Hauptbahnhof → Spitalerstraße → Levantehaus → Mönckebergbrunnen → *Jacobikirche → Thalia Theater → Europa Passage → Ballindamm

Belebt wie auf einem Basar, aber die Läden eher im Riesenformat – das ist die Shoppingmeile rund um die Mönckebergstraße zwischen Hauptbahnhof und Rathausmarkt. Große Kauf- und Bekleidungshäuser dominieren, die Preise sind akzeptabel, dazu gibt es kleine Spezialshops und kulturelle Leckerbissen für den Musik- und Theatergenuss.

Start: Ⓢ/Ⓤ Hauptbahnhof (S 1, 11, 2, 21, 3, 31; U 1, 2, 3)
Ziel: Ⓢ/Ⓤ Jungfernstieg (S 1, 3; U 1, 2, 4)
Wann: turbulent zu den Geschäftszeiten, abends ruhiger

Hauptbahnhof

Schon der **Hauptbahnhof** ❶ stimmt ein auf das Gedränge im Zentrum der Millionenstadt: Über hunderttausend Menschen frequentieren täglich die riesige Bahnsteighalle von 1906 und die unterirdischen S- und U-Bahnstationen. Die doppelstöckige **Wandelhalle** auf dem Nordsteig ist 365 Tage im Jahr fast rund um die Uhr Essplatz für Eilige und Shoppingmagnet, vor allem der Supermarkt (tgl. 7–23 Uhr).

Ungefähr da wo die Schienen verlaufen, lag früher der Stadtwall. Die Straße **Glockengießerwall** überquert man und steht

sogleich auf Hamburgs erster City-Fußgängerzone, der **Spitalerstraße ❷**. Cafés im Freien, Gaukler und Straßenmusiker lenken
vom harten Umsatz ab, der in den Buch- und Bekleidungsge-
schäften, Parfümerien und Telefonläden erwirtschaftet werden
muss. Manche Läden bieten einen Durchgang zur Einkaufsmeile
Mönckebergstraße; vom Südsteig des Hauptbahnhofs aus benutzt man den **Fußgängertunnel**. Die breite Straße entstand vor
dem Ersten Weltkrieg unter Bürgermeister Mönckeberg zur Zeit
des U-Bahnbaus.

Man bummelt durch die Mönckebergstraße wegen ihrer großen **Kaufhäuser**, Bekleidungs- und Elektronikgeschäfte; die
Auswahl auf der 800 m langen Strecke bis
zum Rathaus ist enorm. Nur Stadtbusse,
Taxis und Radler dürfen hier fahren, das entspannt die Lage. **Straßencafés** breiten sich
aus. Als funkelnder Juwel inmitten der Mas-
senkonsumtempel brilliert die nostalgische
Ladenpassage **Levantehaus ❸** (www.levan
tehaus.de). Exquisite Spezialläden laden in
dem runderneuerten Jugendstil-Geschäfts-
haus zu Entdeckungsreisen ein. Den Hunger
kann man im **Apple Tree Restaurant** des ele-

Levantehaus

ganten Park Hyatt Hotels in den oberen Etagen stillen. Dort
kommen frische Produkte aus dem Hamburger Umland auf den
Teller.

Beliebter Treffpunkt ist der **Mönckebergbrunnen ❹**, den Fritz
Schumacher entwarf: ein Sandsteinpavillon mit Brunnendenkmal zu Ehren des Bürgermeisters. Heute findet man drinnen das
Elbphilharmonie-Kulturcafé, eine Konzertagentur mit Star-
bucks-Filiale.

Nur wenig abseits der modernen Straße ein Ruhepunkt: die mittelalterliche ***St. Jacobikirche ❺** (April–Sept. Mo–Sa 10–17, sonst 11–17 Uhr, So nach dem Gottesdienst bis 17 Uhr, www.jacobus.de). Berühmt ist ihre **Arp-Schnitger-Orgel** von 1693, kostbar sind drei wundervolle Altäre aus der Zeit zwischen 1499 und 1510. Reisende auf dem durch Hamburg führenden Jakobsweg Via Baltica holen sich hier ihren Pilgerstempel.

Unübersehbar ist an der Mönckebergstraße der Kaufhauskomplex **Karstadt ❻**, der sich über zwei Straßenblocks erstreckt. Fürs Abendprogramm merkt man sich das vielfach gerühmte **Thalia Theater ❼** vor (s. Nightlife, S. 147).

Europa Passage

Ein architektonisches Meisterwerk des Hamburger Stararchitekten Hadi Teherani belebt seit 2006 die etwas sterile Mönckebergstraße: Die **Europa Passage ❽** ist mit ihren 120 Geschäften, die sich auf vier Etagen in einer kühn designten, eleganten Wandelhalle verteilen, Hamburgs größtes City-Einkaufszentrum. Die Passage erfüllt ganz durchschnittliche Wünsche wie auch ungewöhnliche: Die **Walentowski Galerie** vertreibt urige Bilder von Udo Lindenberg; bei **Elbenwald** gibt es wirklich alles für Fantasy-Fans; und eine Nassrasur wie zu Kaisers Zeiten bietet **Meinecke's Barbershop**.

Am **Ballindamm** wird man in Spezialläden fündig, wie in dem bei ausländischen Touristen beliebten Dirndl-Fachgeschäft (Nr. 25, www.trachtendiele-hamburg.de). Einzigartig in der Auswahl an Karten, Reiseführern oder Globen ist **Dr. Götze Land & Karte** (Alstertor 14–18, www.landundkarte.de).

Touren im Anschluss: 1, 3, 5, 6

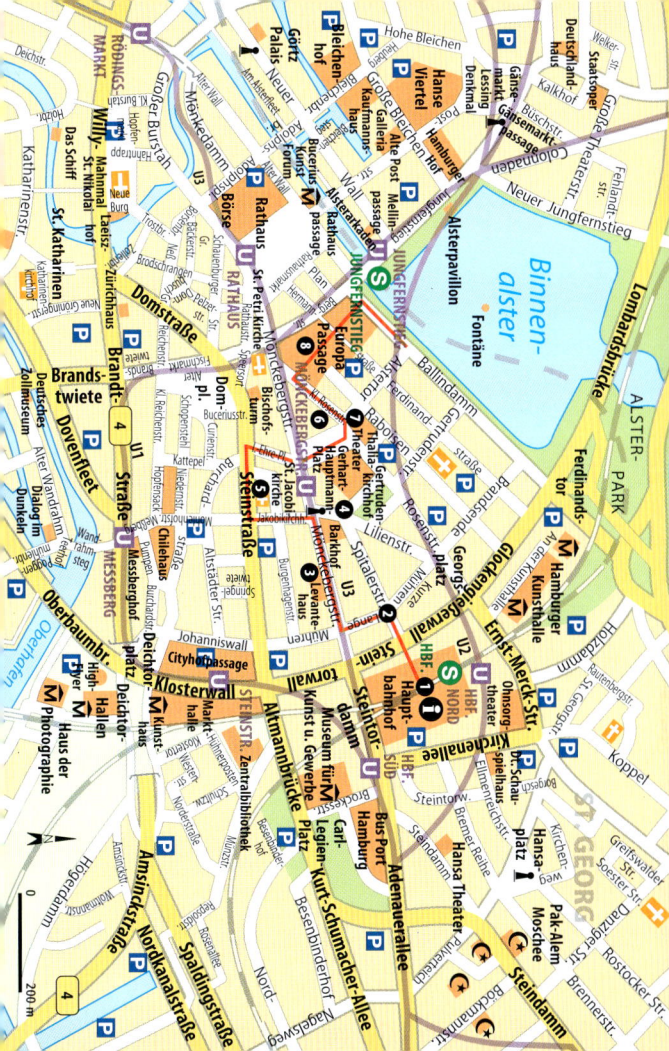

Kaleidoskop St. Georg

Deutsches Schauspielhaus → **Hansaplatz** → **Hansa-Theater**
→ **Centrum Moschee** → **Domkirche St. Marien** → **Koppel 66**
→ **Anleger Hotel Atlantic**

Der Multikulti-Stadtteil St. Georg beschert ein Wechselbad von Eindrücken: bürgerliche Theaterkultur und scharfzüngiges Kabarett; Hotels von Luxus bis zur Absteige; Erzbischöfliche Kathedrale und Moschee. Die Menschen kommen aus Sozialwohnungen oder Lofts – man trifft sie von morgens bis spät abends auf der Langen Reihe.

Start: Ⓢ/Ⓤ Hauptbahnhof (S 1, 11, 2, 21, 3, 31; U 1, 2, 3)
Ziel: Ⓢ/Ⓤ Hauptbahnhof (S 1, 11, 2, 21, 3, 31; U 1, 2, 3)
Wann: tagsüber und abends

Schauspielhaus

Das **Deutsche Schauspielhaus ❶** (Nr. 39, Tageskasse: Mo–Sa 10–19 Uhr) in Wiener Barock in der **Kirchenallee** von **St. Georg** fasst über 1000 Gäste; Experimentiertheater zeigt die Studiobühne **Malersaal**. Das Haus pendelt zwischen Erfolg und Buh-Rufen und erwartet mit Spannung die Intendantin Karin Beier, die 2013 die Nachfolge von so illustren Vorgängern wie Gustaf Gründgens (1955–63) antritt.

Die im Krieg zerstörte St. **Georgskirche ❷** (April–Okt. Sa 12 bis 16, sonst Sa 12–14 Uhr) wurde 1957 neu erbaut; nur ihr Turm hat die barocke Form von 1747. Schon im 13. Jh. stand eine Kirche hier, außerhalb der Stadtmauer, für das Pesthospital.

Wohnhäuser umgeben den **Hansaplatz** ❸. Sein Image als Drogendealertreff ist passé: Gestühl von Restaurants und Kneipen säumt die autofreie gepflasterte Fläche. Ein Kranz von Linden umgibt das 17 m hohe Brunnendenkmal mit der »Hansa« – ästhetischer Höhepunkt des riesigen Wohnungsprojekts der »Hanseatischen Baugesellschaft«; die Kosten des Kunstwerks von 1878 waren wohl Peanuts im Vergleich zu den Gewinnen der Bauspekulanten.

Hektisch, laut und bunt ist der **Steindamm**: verschleierte Frauen, junge Prostituierte, exotische Geschäfte, Sexkino, multikulturelle Imbisse für jeden Geschmack. Mittendrin zwei gute Tipps für den Abend: Das **Hansa Theater** ❹ (Nr. 17, Spielzeit Ende Okt.–Ende Feb. www.hansa-theater.de) von 1894 zeigt Varieté vom Feinsten in kaiserzeitlichem Ambiente. Per Tischklingel bestellt man beim adretten Personal kleine Snacks. Im **Politt-büro** ❺ (Nr. 45, Tel. 040/28 05 54 67, www.polittbuero.de) übt das Duo Lisa Politt und Gunther Schmidt beißende linke Gesellschaftskritik; Kabarettkollegen geben Gastspiele oder Lesungen.

Centrum Moschee

Die **Centrum Moschee** ❻ (Böckmannstraße 40, für Fotos besser: Lindenstraße) ist die größte Moschee unter vielen in St. Georg. Seit 2009 tragen die beiden Minarette ein grün-weißes islamisches Muster, das ihnen der Künstler Boran Burchhardt mit Bedacht verpasste: Sechsecke, mancher mag darin auch Fußbälle sehen.

Die neoromanische **Domkirche St. Marien** ❼ (Danziger Straße 60, tagsüber offen) ist seit 1995 Kathedrale des Erzbistums Hamburg. Eine kleine **Ausstellung im Atrium** dokumentiert

Hamburgs Bistumsgeschichte vom ersten Bischof Ansgar bis heute

Ein Bummel auf der 700 m kurzen **Langen Reihe** offenbart das Herz St. Georgs, sie gehört zu den vielseitigsten und unterhaltsamsten Straßen der Stadt. Läden dicht an dicht, für Biokost, Avantgardemode, tibetische Antiquitäten, Bücher der Schwulen- und Lesbenszene; dazu ein vielfältiges Angebot meist kleinerer Restaurants und Bars. Ein Gründerzeitbau (Nr. 71) ist das **Geburtshaus von Hans Albers ❽** (1891–1969). Schon als Kind verfiel der spätere Star dem Zauber der Bühne im nahen Schauspielhaus.

Ein Durchgang führt über grüne Hinterhöfe zum Haus für Kunst und Handwerk **Koppel 66 ❾** (s. Shopping, S. 140). Auf vier Etagen werkeln Tischler, Schuh- und Hutmacher, Goldschmiede, Fotografen, Modedesigner sowie Künstler in ihren Ateliers, die sie jeweils am ersten Sa im Monat 11–18 Uhr fürs Publiukum öffnen. Zu einer Rast lädt das gemütliche **Café Koppel** (◯) im Erdgeschoss ein.

Beim Anleger Atlantic

Frische Luft streicht über die **Außenalster**. Himmlische Aussicht auf den See bietet die Bar **Le Ciel** (tgl. 10–2 Uhr) im Hotel **Le Royal Meridien ❿** (An der Alster 52–56), ein gläserner Lift saust direkt vom Eingang in den 9. Stock. Wer am Boden bleibt, hat auch vom **Anleger Atlantic ⓫** ein schönes Seepanorama. Am Nachbarsteg kann man sich ein Boot ausleihen – das 100-jährige schneeweiße **Hotel Atlantic** macht vom Wasser aus einen besonders romantischen Eindruck.

Touren im Anschluss: 4, 6, 14

Kunstmeile und Kontorviertel

mittel

Hotel Vier Jahreszeiten → Lombardsbrücke → *Kunsthalle → Museum für Kunst und Gewerbe → Kunstverein → Deichtorhallen → *Chilehaus

Hamburgs schöne Ansichten draußen und drinnen: Der Blick von der Lombardsbrücke oder vom Fesselballon HighFlyer bleibt unvergesslich. An der »Kunstmeile« am östlichen Wallring zwischen Binnenalster und Hafen gruppieren sich die Hamburger Kunsttempel mit ihren bedeutenden Sammlungen – Malerei, Zeichnung, Skulptur und Fotografie, Kunsthandwerk und Design.

Start: Ⓢ/Ⓤ Jungfernstieg (S 1, 3; U 1, 2, 4)
Ziel: Ⓤ Meßberg (U 1)
Wann: täglich, Museen montags geschlossen

Am **Neuen Jungfernstieg** fallen zwei strahlend weiße Bauten auf: Der eine, das **Hotel Vier Jahreszeiten** ❶ (Nr. 9), ihn prägte die Gründerfamilie Haerlin 1897–1989. Der andere ist das sogenannte **Amsinck-Palais** ❷ (Nr. 19) im spätklassizistischen Stil von 1833, hier ist der Sitz des **Übersee-Clubs**, in dem sich die Hamburger Wirtschaftselite trifft.

Der im 17. Jh. errichtete Festungswall trennte die Binnen- von der Außenalster; eine Brücke verband zwei Bastionen: Die steinerne **Lombardsbrücke** ❸ von 1865, sie gewährt den schönsten Hamburg-Blick.

Lombardsbrücke

WALLFAHRT ❹ steht an der Zufahrt zum Wallringtunnel – ein Kunstobjekt mit Tiefsinn: Entlang dem früheren Stadtwall von der Alster bis zum Hafen liegen Kunststätten von Rang, die unter dem Namen **Kunstmeile** (www.kunstmeile-hamburg.de) eine gemeinsame Eintrittskarte anbieten, das **Bucerius Kunstforum** (s. Tour 1, S. 8) gehört auch dazu.

Oben auf der früheren Bastion Vincent thront die ***Hamburger Kunsthalle ❺** (Di–So 10–18, Do bis 21 Uhr, www.hamburger-kunsthalle.de): Der weiße Kubus für die **Galerie der Gegenwart** stammt von Oswald Mathias Ungers, er beherbergt zeitgenössische Kunst, u.a. Werke von G. Baselitz, S. Polke oder J. Gerz sowie hervorragende Sonderausstellungen. Ruhepol mit Alsterblick ist das **Café-Restaurant The Cube** (○○) im Museum. Nebenan in den Gebäuden von 1869 und 1919 ist die

Galerie der Gegenwart

Kunst des Mittelalters bis zur Klassischen Moderne zu sehen, darunter Meister Bertrams Petri-Altar, Romantiker wie Ph. Runge und C.D. Friedrich oder Werke von E. Manet und E. L. Kirchner. Ein unterirdischer Gang, über dem Jenny Holzers »Ceiling Snake« flimmert, leitet über zum Ungers-Bau.

Palastartig wirkt das **Museum für Kunst und Gewerbe ❻** (Di bis So 11–18, Do bis 21 Uhr, www.mkg-hamburg.de) und lädt zu Ausflügen in die Welt des Design von der Antike bis zur Moderne ein – mit Objekten aus aller Welt, denn oft bestückten Hamburger Kaufleute die Sammlung mit exotischen Mitbringseln von ihren Geschäftsreisen. Bedeutend sind u.a. die Plakatkollektion, das Jugendstilzimmer und Tasteninstrumente. Eine Hamburger Institution ist das **Restaurant Destille** (○–○○) im ersten Stock.

Stefan-Balkenhol-Skulpturen auf langen Beinen stehen vor dem Eingang der **Zentralbibliothek ❼** (Am Hühnerposten 1, Mo–Sa 11–19 Uhr). Hier sind Kunst, Wissen und Unterhaltung für alle zu Hause, man kann Zeitung lesen, im Internet surfen und natürlich Bücher ausleihen. In der einstigen **Markthalle ❽** für Blumen finden Popkonzerte statt (www.markthalle-hamburg. de), es gibt **Galerien**, der **Kunstverein** (Klosterwall 23, Di–So 12–18 Uhr, www.kunstverein.de) veranstaltet Ausstellungen und die **Freie Akademie der Künste** bietet hochinteressante Vorträge (www.akademie-der-kuenste.de).

Die **Deichtorhallen ❾** (Di–So 11–18 Uhr, www.deichtorhallen. de) zeigen in der nördlichen **Halle für aktuelle Kunst** Wechsel-

Fesselballon HighFlyer

ausstellungen. Das südliche **Haus der Photographie** hütet u.a. das Spiegel-Fotoarchiv und die Sammlung des Modefotografen C. F. Gundlach, außerdem gibt es Sonderausstellungen zur Fotografie.

Vom **Fesselballon HighFlyer** neben den Hallen kann man das **Kontorviertel** der 1920er- und 1930er-Jahre gut überblicken. Hamburg sähe diese Backsteinbauten mit den Büros der angesehensten Hamburger Handelshäuser gern auf der Liste des UNESCO-Welterbes, zusammen mit der jenseits des Zollkanals liegenden **Speicherstadt** (s. Tour 7, S. 32). Das eindrucksvollste Kontorhaus ist das *****Chilehaus ❿** (Fritz Höger, 1921). In der Ostspitze agiert der sozial engagierte Fernsehkoch Christian Rach im Restaurant **Slowman** (s. Restaurants, S. 137).

Touren im Anschluss: 3, 4, 5, 7, 8

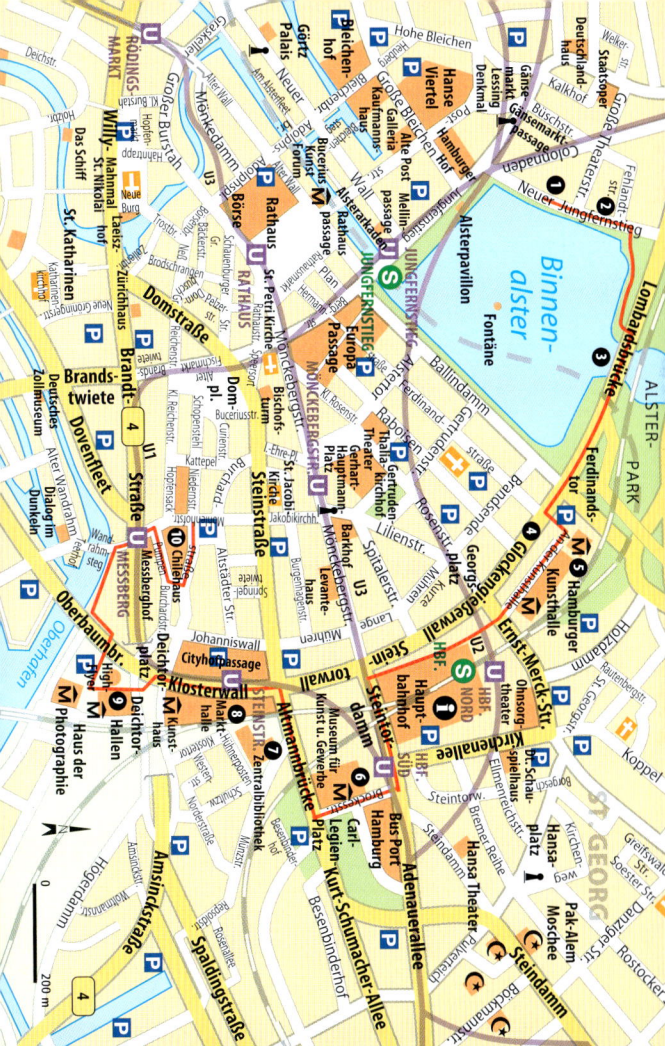

mittel

*Speicherstadt – Museumsstadt

**Binnenhafen → Speicherstadtmuseum → Miniatur Wunder-
land → Hamburg Dungeon → Deutsches Zollmuseum →
Wasserschloss → Hafenrathaus**

Die denkmalgeschützen roten Lagerhäuser der Speicherstadt
vermitteln heute noch das Flair des 19. Jh., nicht nur bei den
Teppichhändlern dort oder im sehenswerten Speicherstadt- und
Gewürzmuseum. In die markanten Speicherhäuser zog in den
letzten Jahren auch viel Neues ein: Historienshow, Hafenbüros,
feine Restaurants und eine spektakuläre Modelleisenbahn.

Start:	⓿ Baumwall (U 3)
Ziel:	⓿ Überseequartier (U 4) / Auf dem Sande (Bus 6)
Wann:	tagsüber, auch bei bedecktem Himmel; reizvolle Illuminierung bei Nacht; Museumszeiten beachten!

Im **Binnenhafen ❶** herrschte im Mittelalter reger Schiffsbetrieb,
jetzt sind dort nur Barkassen und Yachten zu sehen. Seit 1952
liegt hier auch »Flusi«, die **Flussschifferkirche** (Gottesdienst So

15 Uhr) vor Anker, ein 100-jähriger Leichter,
der zur Kirche umgebaut wurde. Auf der gegenüberliegenden Seite erstrecken sich die
malerischen Fassaden der historischen
*Speicherstadt. Ihre Lagerhäuser aus rotem
Backstein waren ab 1888 das Herz des Frei-
hafens. In den Speichern des Zollfreigebiets
lagerten Gewürze, Tee, Kaffee, Kakao und

Flussschifferkirche

Orientteppiche aus Übersee, bis sie weiterversendet, weiterverarbeitet, veredelt oder verkauft wurden. Hamburgs Freihafenprivileg endete 2012, im Containerzeitalter wurden die aufzugslosen Speicher nicht mehr gebraucht.

Wie die Speicherstadt einst entstand, wie man die Waren mit Haspelwinden auf Land- und Fleetseite der Lager hievte, und wie es auf den Böden (Etagen) damals aussah, zeigt das **Speicherstadtmuseum ❷** (Am Sandtorkai 36, April–Okt. Mo–Fr 10–17, Sa, So 10–18 Uhr, sonst Di–So 10–17 Uhr) im Speicherblock L. Im selben Komplex regt **Spicy's Gewürzmuseum** (Nr. 34, Juli–Okt. tgl. 10–17 Uhr, sonst Di–So) die Sinne an: Die lehrreiche Ausstellung zeigt den Weg exotischer Gewürze von der Pflanze bis ins Supermarktregal. Nachbar **Habibullah Rahimi** beweist, dass Orientteppichfirmen die Speicher auch heute noch nutzen.

Das schmale **Kehrwiederfleet** trennt Speicherblöcke L und D. Lange Warteschlangen zeigen an, wo es zu Hamburgs größtem Besuchermagneten geht: **Miniatur Wunderland ❸** (Kehrwieder 2, Öffnungs- und Wartezeiten, Reservierungen: www.miniatur-wunderland.de) ist eine faszinierende Eisenbahnwelt mit 13 000 m Gleislänge. Man entdeckt Schweizer Bergbahnen, das glitzernde Las Vegas oder Skandinaviens Küsten mit Schiffen bei Ebbe und Flut. Im Wunderland fahren über 930 Minizüge, auch die Straßen sind mit insgesamt 215 000 Figürchen Tag und Nacht belebt.

Spicy's Gewürzmuseum

Miniatur Wunderland

Grauenerregende Episoden aus der Geschichte der Stadt spielen sich nebenan im **Hamburg Dungeon** ab (tgl. 10–18, Juli, August 10–19 Uhr, Res. 0 18 05/66 69 01 40): Wer den Grusel liebt, wohnt der Hinrichtung des Piraten Klaus Störtebeker bei oder erlebt den Großen Brand von 1842 und weitere hanse-städtischen Schreckensszenen. Beim Spaziergang auf den

Brücke am Zollkanal

Sturmflutschutzmauern am **Zollkanal** hat man ein perfektes Panorama der Speicher-stadt. Am Speicherblock P prangt in Gold-lettern **Hamburg Port Authority ❹**, Sitz der Hafenbehörde, die ihre Büros auf früheren Speicherböden eingerichtet hat. Im ehe-maligen Freihafen hat das **Deutsche Zoll-museum ❺** (Alter Wandrahm 16, Di–So 10–17 Uhr) seinen Standort. Die Sammlung berichtet von Kaffeeriechern und zeigt merkwürdige Reisesouvenirs, spannend ist auch die Abteilung über Schmuggelgut und Produktpiraterie.

Eingebettet zwischen zwei Fleete liegt eins der schönsten und meistfotografierten Häuser der Speicherstadt: Im Restau-rant und Teekontor **Wasserschloss ❻** (s. Restaurants, S. 137) (Dienerreihe 4) kann man genussvoll essen und stilvoll Tee genießen. Prächtigste Neorenaissance ziert die Fassade vom **Hafenrathaus ❼**, wie man das Verwaltungsgebäude der **H**am-burger **H**afen- und **L**agerhaus **A**G nennt, die HHLA bewirtschaf-tet große Teile des Hafens. Studiert man die Firmenschilder in den alten Pflasterstraßen **St. Annenufer**, **Pickhuben** und **Brook**, trifft man auf eine äußerst bunte Mischung: Teppichhändler ne-ben Designbüros – und sogar ein Honorarkonsulat hält hier Hof.

Touren im Anschluss: 1, 6, 8, 9

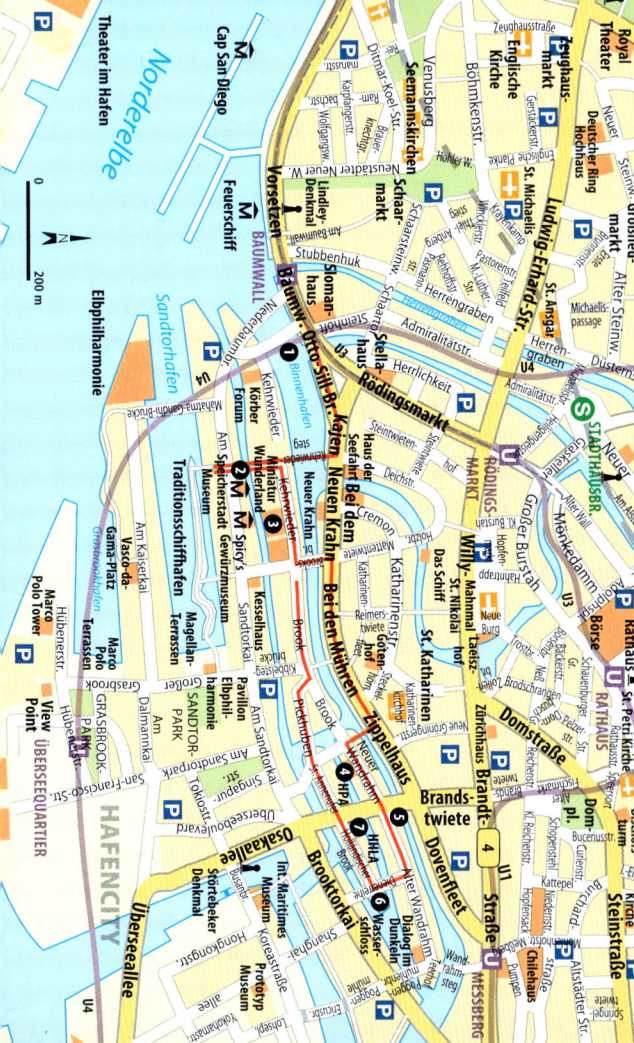

mittel

HafenCity – Hamburg im 21. Jahrhundert

**Kesselhaus → Magellanterrassen → Dalmannkai →
Unileverhaus → Internationales Maritimes Museum
→ Ericusspitze, Verlagshaus Der Spiegel**

Die moderne HafenCity nahe der Innenstadt wächst mit enormer Geschwindigkeit, nur der Prestigebau der Elbphilharmonie verzögert sich. Trotz Baustellen ist der brandneue Stadtteil längst Ziel für Flaneure, die über die maritimen Promenaden bummeln, in den neuen Geschäften stöbern, nette Lokale aufsuchen und ungewöhnliche Museen entdecken.

Start: ⓘ Überseequartier (U 4) / Auf dem Sande (Bus 6)
Ziel: ⓘ Meßberg (U 1)
Wann: tagsüber jederzeit

Klein wirkt das **Kesselhaus** ❶ zwischen den Lagerhäusern der Speicherstadt; das Dampfkraftwerk war ab 1886 ihre Energie-

HafenCity InfoCenter

zentrale (s. Tour 7, S. 32), heute ist dort das **HafenCity InfoCenter** (Di–So 10–18, Mai bis Sept. Do bis 20 Uhr, www.hafencity.com) untergebracht. Hier gibt es Informationen und Führungen (Sa 15 Uhr) zu dem ehrgeizigen Stadtplanungsvorhaben **HafenCity**. Auf dem 1,5 km² großen nicht mehr benötigten Hafengebiet zwischen Speicherstadt und Elbbrücken ist ein visionäres, multifunktionales Stadtviertel im Entstehen.

Die ersten Bauten stehen dem Kesselhaus gegenüber: mehrstöckige Würfel der 2000er-Jahre mit der Südfront zum **Sandtorhafen**, er war vor knapp 150 Jahren das erste künstliche Hafenbecken. Heute schmücken den **Traditionsschiffhafen** ❷ fahrtüchtige Schiffsveteranen.

Von der Stufen der **Magellanterrassen** ❸ zieht die **Elbphilharmonie** ❹ unwillkürlich den Blick auf sich; die Architektur des Konzerthauses (Architekten Herzog & de Meuron) erinnert an Wasser und Wellen. Bauverzug und immense Kostensteigerungen erregen die Gemüter in Hamburg. Informationen dazu gibt es im **Pavillon Elbphilharmonie** auf den Magellanterrassen.

In der Teelounge **Meßmer Momentum** ❺ (Kaiserkai 10) und dem **Teemuseum** geht es um Teegenuss und Teekultur. Das frühere Hafenbecken **Grasbrookhafen** ❻, die Elbe und Hafenanlagen überblickt man vom **Vasco-da-Gama-Platz**. Ein beliebter Spazierweg ist der **Dalmannkai** direkt am Wasser nicht zuletzt durch die Vielzahl der Cafés und Restaurants, die ihn säumen. Neben dem markanten Treppendesign der **Marco-Polo-Terrassen** ❼ streben der bizarre Wohnturm **Marco Polo Tower** und das futuristisch anmutende **Unileverhaus** ❽ in die Höhe. In seinem Atrium finden Märkte und Events statt (z.B. Designmarkt Sa 11–18 Uhr). Ringsum liegen Vorzugsplätze für die Aussicht auf die Traumschiffe, die am noch provisorischen Kreuzfahrtterminal **Hamburg Cruise Center** ❾ anlegen. Über 160 Anläufe hatte Hamburg 2012, Tendenz steigend.

Grasbrookhafen

Unileverhaus

Die **Bahnlinie U4** erschließt das **Überseequartier**, es ist süd-wärts noch Baustelle, nordwärts verläuft der autofreie **Übersee-boulevard ❿** zwischen moderner Architektur und lockt mit Restaurants und Shops, darunter vielen Boutiquen. Die **Bronze-statue von Klaus Störtebeker** am **Magdeburger Hafen** erinnert an den Piraten, der 1401 hier geköpft wurde. Jenseits, im Kai-

Maritimes Museum

speicher B von 1878, begeistert das **Interna-tionale Maritime Museum ⓫** (Koreastr. 1, Di–So 10–18, Do bis 20 Uhr, www.immhh.de) auf neun Etagen mit einer umfassenden ma-ritimen Sammlung zu Seefahrtsgeschichte, Navigation und Malerei und der weltgrößten Sammlung von Schiffsmodellen.

Bolidenfans legen im **Automuseum PROTOTYP ⓬** (Shanghai-allee 7, Di–So 10–18 Uhr) einen Boxenstopp für schneidige Rennwagen-Originale ein. Ein markantes Zeichen für geistliches Leben in der Stadt setzt die gewölbte Ziegelfassade vom **Öku-menischen Forum HafenCity ⓭** (Shanghaiallee 12–14, tgl. 10 bis 18.30 Uhr), eine gemeinsame Stätte christlicher Kirchen in Ham-burg.

Die Uferpromenade beim **Anleger Maritimes Museum** steht vor ihrer Fertigstellung. Durch die Passage im Museumsge-bäude (7–23 Uhr offen) setzt man den Spaziergang am **Brook-torhafen** fort; die Kulisse bilden alte Speicher und neue Büro-häuser. Wo einst die Bastion »Ericus« als Teil des Stadtwalls im 17. Jh. das freie Hamburg schützte, verteidigt seit 2012 das Ver-lagshaus **Der Spiegel** die Pressefreiheit in einem mächtigen gläsernen Bau an der **Ericusspitze ⓮**.

Touren im Anschluss: 1, 6, 7

Galāo und Diesel – der Duft der weiten Welt

**Baumwall → Cap San Diego → Dietmar-Koel-Straße →
Landungsbrücken → Rickmer Rickmers → Alter Elbtunnel**

Am Ufer der Elbe zwischen Überseebrücke und Altem Elbtunnel ist
man dem Maschinengeruch der Ozeanriesen genauso nahe wie dem
verlockenden Duft portugiesischer Galāos. Für den allerschönsten
Hamburg-Blick muss man erst durch den alten Elbtunnel laufen.

Start: ① Baumwall (U 3)
Ziel: Ⓢ/① Landungsbrücken (S 1, 3; U 3)
Wann: am Hafen, besonders romantisch bei
Sonnenuntergang

Allein schon für den Elb- und Hafenblick lohnt es sich, am
U-Bahnhof Baumwall ❶ auszusteigen. Die breite **Promenade**
direkt an der Wasserkante dient übrigens als Sturmflutschutz-
mauer. An der **Überseebrücke** liegt die **Cap San Diego ❷** (tgl.
10–18 Uhr), der »weiße Schwan des Südatlantiks«. Das schnittige Design des 1961 vom Stapel gelaufenen Museumsschiffs
stammt vom Hamburger Architekten Cäsar
Pinnau. Das Containerzeitalter machte die
Cap San Diego schon nach 25 Jahren Einsatz
zum Museumsschiff. Ein Audio-Guide leitet
Besucher durch die 20 Stationen vom Maschinenraum mit dem riesigen MAN-Schiffs-
diesel bis auf die Brücke. Mit etwas Glück
erwischt man hier einen echten Kapitän bei

Cap San Diego

seiner Arbeit, denn die Cap San Diego begibt sich mehrmals im Jahr mit Passagieren auf Fahrt z.B. zum Hafengeburtstag.

Nördlich der U-Bahn-Trasse geben Bauelemente wie wie Bullaugen, Brücken und Relings dem neuen **Verlagsgebäude von Gruner + Jahr ❸** einen maritimen Eindruck. Hier entstehen Zeitschriften wie der Stern, Geo, Brigitte und andere bekannte Magazine. Wenig weiter blickt man auf Hamburgs Wahrzeichen, die **St. Michaeliskirche** (s. Tour 2, S. 12).

Die Ditmar-Koel-Straße ist nur kurz, aber sie besitzt vier skandinavische **Seemannskirchen ❹**, die dänische, norwegische und finnische stehen am Nordende der Straße, die schwedische am Südende. Dazwischen weht hier und in den angrenzenden Gassen allerdings ein ordentlicher Südwind: Wir befinden uns mitten im **Portugiesenviertel ❺**. Fast Tür an Tür reihen sich portugiesische Lokale, man sitzt wie im Süden Europas draußen, trinkt Galão zu süßen Natas, abends isst man Kaninchen im Tontopf, Seafood oder leckeren Fisch zu Vinho Verde oder Dao, z.B. im **D. José** (Ditmar-Koel-Str. 11, ◯◯) oder Seafood im **Nau** (Nr. 13; s. Restaurants, S. 135). Souvenirshops wie die **Seekiste** (s. Shopping, S. 142) locken mit attraktiven Schifffahrts-Andenken.

St. Pauli-Landungsbrücken

Nur ein paar Schritte sind es zur Elbe und den **St. Pauli-Landungsbrücken**. Vor über 100 Jahren reiste man von hier aus mit den großen Transatlantiklinern nach Übersee. Heute starten von den zehn Brücken nur noch **Hafenrundfahrten**, diverse Fähren wie die HVV-**Fähre 62** Richtung Finkenwerder (Brücke 3, ca. alle 15 Min.) und der **Halunder Jet**, der Katamaran nach Helgoland (Ende März bis Ende Okt.).

Mit Flut und Ebbe steigen und fallen die schwimmenden Pontons zweimal täglich um etwa 3,60 m – bei Sturmfluten können es auch ein paar Meter mehr werden. Wenn man auf den »mobilen« Pontons mit ihren an- und abfahrenden Ausflugsschiffen, Souvenirshops und einfachen Esslokalen flaniert, kommt echtes Hafenfeeling auf. Über Brücke 1 gelangt man zum Museumsschiff **Rickmer Rickmers** ❻ (tgl. 10–18 Uhr, im Sommer Do–So auch bis 20 Uhr). Die grün-rote Dreimastbark – der längste Mast misst 47 m – erinnert an die große Zeit der Frachtsegler und die harte Arbeit der Matrosen; unter Deck gibt es ein gemütliches Restaurant.

Rickmer Rickmers

Eine tolle Sicht auf den lebhaften Schiffsverkehr hat man vom **Aussichtsdeck** der Landungsbrücken, besser noch vom ehemaligen **Landungsbrücken-Abfertigungsgebäude** an Land: Das **Blockbräu** ❼ (s. Restaurants, S. 132) serviert deftige Speisen zum hauseigenen Bier – bei bester Aussicht von der riesigen Dachterrasse.

Der **Alte Elbtunnel** ❽ von 1911 galt einst als technische Sensation: Aufzüge brachten ganze Pferdefuhrwerke zur Tunnelsohle. Die Lifte versehen noch heute ihren Dienst und nehmen Autos auf. Fußgänger schauen aus gläsernen Fahrstühlen in den 23 m tiefen Schacht. Zwei 426 m lange Tunnelröhren, auch für Fußgänger begehbar, führen hinüber nach **Steinwerder**, Standort der Werft Blohm & Voss. Der Weg lohnt, denn die **Aussichtsplattform** ❾ bietet die beste Aussicht auf die Skyline Hamburgs.

Touren im Anschluss: 2, 7, 11, 12, 13

In-Plätze: Karolinen- und Schanzenviertel

mittel

Marktstraße → **Alte Rinderschlachthalle** → **Alte Pianoforte-fabrik** → **Rote Flora** → **Susannenstraße** → **Schanzenhöfe**

Das Karolinen- und Schanzenviertel, einst ein lukratives Gewerbegebiet mit Schlachthof, Klavierfabrik und Produktionsbetrieb von Montblanc-Füllfederhaltern, drohte zu verkommen, als das Gewerbe abwanderte. Aber dann rückten Hausbesetzer und kreative Yuppies nach und verwandelten die Gewerbebrachen in originelle Kneipen, Ateliers und Galerien. Nur wenige Jahre brauchte es, dass das Schanzen- und nebenan das Karolinenviertel zu Szenestadtteilen aufstiegen.

Start:	Ⓤ **Messehallen (U 2)**
Ziel:	Ⓢ/Ⓤ **Sternschanze (S 11, 21, 31; U 3)**
Wann:	**jederzeit**

Die **Karolinenstraße** gab den Namen für das gründerzeitliche Wohn- und Gewerbequartier westlich der **Messehallen**. Hauptachse des **Karoviertels** ist jedoch die **Markstraße ❶**. Sie hat sich mit ihren kleinen, aber originellen Modeateliers in den letzten Jahren zur eigenwilligen Modemeile gemausert: T-Shirts von Godehard Bohles **Shirtlab** beispielsweise (Nr. 16; s. Shopping, S. 142), die mit starken Motiven vom Hafen oder dem T1-VW-Bus Furore machen. Kleider im Retrostil der Sixties sind bei **Jungbluth** (Nr. 25, shop.jungbluth-

Marktstraße

44

design.de) zu haben, schicke Anzüge für ihn bei **Herr von Eden** (Nr. 33, www.herrvoneden.com). Auch die Lokale haben ein erfrischendes Karo-Flair: Im **Café Klatsch** (Glashüttenstraße 17, ◯) kann man im Souterrain den ganzen Tag frühstücken; im Café **Yoko Mono** (Marktstraße 41, ◯) sitzt man im Sommer gemütlich unterm Baum.

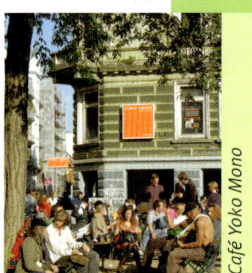

Café Yoko Mono

Jenseits der U-Bahn-Trasse gerät man auf das frühere Schlachthofgelände – heute existiert nur noch ein Fleischgroßmarkt. Viele der alten Schlachthofbauten haben eine neue Funktion: Die **Alte Rinderschlachthalle ❷** (Neuer Kamp 30) von 1911 ist heute ein modernes Vielzweckzentrum, auch ein Flohmarkt und die Musikkneipe **Knust** (s. Nightlife, S. 146) sind dort zu finden. Gegenüber ist das moderne **Karostar Musikzentrum** (Neuer Kamp 32) Fokus für Hamburgs Musikszene – bei **Hanseplatte** (Mo–Fr 11–19, Sa 11 bis 16 Uhr, www.hanseplatte.de) kauft man nur Musik von Hamburger Bands.

Die um 1860/70 angelegte **Beckstraße ❸** ist eine typische »alte Hamburger Terrasse«, d.h. eine schmale Straße, oft auch als Sackgasse ausgelegt, die von einem Vorderhaus nach hinten führt und Arbeiterwohnungen beherbergt. Sie reicht bis zur belebten **Schanzenstraße,** die zusammen mit der davon abzweigenden Straße **Schulterblatt**

Schanzenstraße

die Hauptgeschäftsstraßen des **Schanzenviertels** bildet. Die Straße mit dem anatomischen Namen war schon zur Segelschiffszeit eine beliebte Kneipenmeile.

Während viele Hausfassaden eher marode wirken, bietet sich auf manchem Hinterhof ein ganz anderes Bild: Die roten Backsteingebäude der **Alten Pianofortefabrik** ❹ von 1873 sind heute luxussaniert und Standort von Werbeagenturen und teuren Lofts. Bei genauerem Hinsehen entdeckt man jedoch auch alteingesessene Geschäfte am Schulterblatt, so **Stüdemanns Kaffee & Teeladen** ❺ (Nr. 57; s. Shopping, S. 143) und das 1932 gegründete **Café Stenzel** (Nr. 61, ◐) mit 50 Sorten Gebäck. Schicke Adressen wie die Bar **die herren simpel** (Nr. 75, ◐, tagsüber Bistro) oder die **Pastelaria Transmontana** (Nr. 85, ◐) bilden einen Kontrast zur graffitiübersäten **Roten Flora** ❻ (Nr. 71). Das seit 1989 besetzte ehemalige Flora-Theater ist Ausgangspunkt für so manche Straßenschlacht der alternativen Szene.

Die größte Dichte an Kneipen und Cafés konzentriert sich im Abzweig **Susannenstraße** ❼. In der ruhigen **Bartelsstraße** benutzt das **Hotel Schanzenstern** mit Bio-Restaurant ❽ (Nr. 12, ◐–◐◐, www.schanzenstern.de) einen Teil der ehemaligen Fabrikgebäude der Montblanc-Füllfederhalterfabrik. Auch **Kino 3001** (Schanzenstr. 75) mit seinem politisch akzentuierten Programm steht auf dem Montblanc-Werksgelände.

Den angeblich besten Kaffee der Stadt gibt es in den renovierten Schlachthof-Viehhallen, den **Schanzenhöfen** ❾ (Lagerstraße 26–34). Die Betreiber von **Elbgold** (Nr. 34c) suchen ihre Rohkaffees selbst in den Ursprungsländern aus, geröstet wird neben dem **Café** (◐–◐◐). Die **Bullerei** (Nr. 34b, s. Restaurants, S. 133) ist das Reich von Fernsehkoch Tim Mälzer.

Restaurant Bullerei

Touren im Anschluss: 2, 11, 12

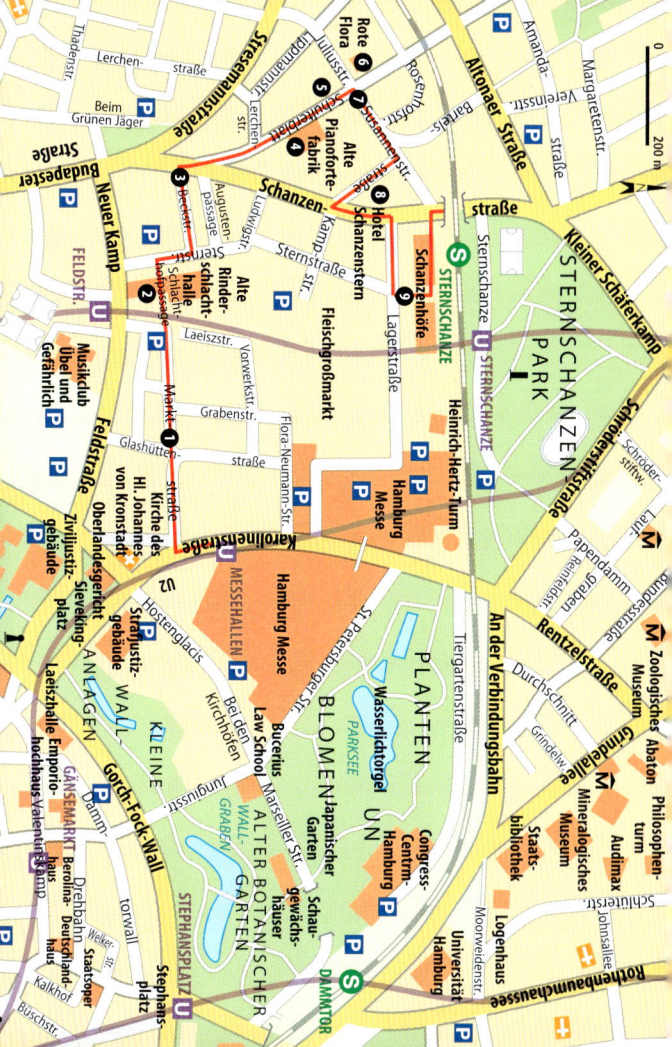

kurz

St. Pauli bei Tag

**Landungsbrücken → Millerntor → Heiligengeistfeld →
Spielbudenplatz → Davidwache → Sankt Pauli Museum →
Antonipark → Hein-Köllisch-Platz**

Der Kiez, das berühmte Vergnügungsviertel rund um die Reeperbahn, erwacht erst am Abend so recht zum Leben, dennoch lohnt
sich ein Bummel auch tagsüber. Man schaut beim FC St. Pauli
vorbei, geht ins Panoptikum oder Sankt Pauli Museum. Vor allem
aber mischt man sich am Antonipark oder auf dem Hein-Köllisch-
Platz unter echte St. Paulianer.

Start:	Ⓢ/Ⓤ Landungsbrücken (S 1, 3; U 3)
Ziel:	Ⓢ Reeperbahn (S 1, 3)
Wann:	tagsüber mit Familie besonders am Freitag- oder Samstagnachmittag

Steigt man gegenüber **Landungsbrücke 3** die Willi-Bartels-
Treppe hinauf, ist man schon mitten »auf **St. Pauli**« und in Wilhelm Bartels' Revier: Der »König von St. Pauli« (1914–2007) war

der größte Immobilienbesitzer auf dem Kiez.
Vor der Terrasse seines **Hotels Hafen Ham-
burg ❶** (Tipp: grandioser Blick aus der
Towerbar, tgl. 18–2 Uhr) erinnert eine alte
Sudpfanne an die einstige Bavaria-St. Pauli-
Brauerei ganz in der Nähe. Ihr »Astra-Bier«
gehört bis heute zum Lebensgefühl auf St.
Pauli; seit 2003 wird es jedoch in Altona ge-

Landungsbrücken

braut. Durch die Bäume im Park östlich des Hotels sieht man Hugo Lederers wuchtiges **Bismarckdenkmal** von 1906 auf dem einstigen Stadtwall.

Von Hamburg in die Vorstadt St. Pauli kam man früher durchs **Millerntor**. Vom Tor ist nur noch die säulengeschmückte **Millerntorwache ❷** von 1819 erhalten. Bekannter ist das **Millerntorstadion ❸**, Heimat des FC St. Pauli. 27 500 Fans können hier die Heimspiele des Fußballbundesligisten erleben. Auf dem **Heiligengeistfeld** nebenan geht es dreimal im Jahr rund: Jeweils für vier Wochen ist **Dom** (März/April; Juli/Aug; Nov./Dez.), das größte Volksfest im Norden mit jährlich 9 Millionen Besuchern.

Dom

Nahebei zeigt das Hotel **East ❹** (Simon-von-Utrecht-Straße 31), wie sich das alte St. Pauli modernisiert: Eine frühere Eisengießerei gestaltete der amerikanische Architekt Jordan Mozer in ein Design-Hotel um (s. Hotels, S. 129). Unter dem rohen Ziegelgewölbe des originellen Restaurants (◯◯) wird asiatisch inspirierte Küche serviert.

Die **Reeperbahn**, Hauptstraße durch den Kiez und Hamburgs Event-Meile, ist Tag und Nacht belebt. Am **Spielbudenplatz**, an dem sich, wie der Name ausdrückt, die Hamburger schon vor über 200 Jahren vergnügten, reihen sich Tür an Tür Restaurants, Shops und Nachtbars sowie bekannte Musical-, Theater-, und Show-Bühnen (s. Tour 12, S. 52). Von den beiden riesigen Bühnen mitten auf dem Platz schallt öfter mal fetzige Live-Musik beispielsweise beim Reeperbahnfestival (Ende Sept.), Schlagermove (Juli) und Grand-Prix-Party des NDR. Im Sommer versammeln sich auf dem Spielbudenplatz Markstände zum St. Pauli

Panoptikum

Nachtmarkt jeden Mittwoch (April bis Okt. 18–23 Uhr). Ringsherum reihen sich viele weitere Attraktionen: Im Wachsfigurenkabinett **Panoptikum ❺** (Nr. 3, Mo–Fr 11–21, Sa 11–24, So 10–21 Uhr) sind 120 lebensecht aussehende Promis zu bestaunen, darunter auch St. Pauli-Größen wie Hans Albers oder Udo Lindenberg. Der **Hundertmark Western Store** (Nr. 9; s. Shopping, S. 140) scheint ein bisschen aus der Zeit gefallen mit Cowboystiefeln und Jeans in allen Größen; enorm ist die Auswahl an FC St. Pauli-Fanartikeln oder abgefahrenen Souvenirs. Am Ende steht man vor der **Davidwache ❻** (Nr. 31), die durch die Krimiserie »Großstadtrevier« fast jeder kennt. Hier aber nicht zur Besichtigung hineingehen, sondern um die Ecke in die **Davidstraße** ins **Sankt Pauli Museum ❼** (Nr. 17, Di, Mi 11–19, Do–Sa 11–22, So 11–18 Uhr), das den Kiez in Bildern und erstaunlichen Dokumenten präsentiert.

Café Geyer

Auf den Kiez als Wohnort weisen die mit Parolen bemalten Häuser beim **Antonipark ❽** hin. In der kleinen Grünoase mit Hafenblick trifft man echte St. Paulianer, relaxt mit und ohne Hund, beim Ballspiel oder Picknick. Hinter Mietshäusern und der **St. Pauli-Kirche** liegt kopfsteingepflastert der **Hein-Köllisch-Platz 4 ❾** – gemütlich wie ein Dorfplatz! **Café Geyer** (ab 9 Uhr, ◯) oder die **Q-Bar** (Silbersacktwiete 6, ab 18 Uhr) sind entspannte Endpunkte für die St. Pauli-Tour.

Touren im Anschluss: 2, 9, 10, 12, 13

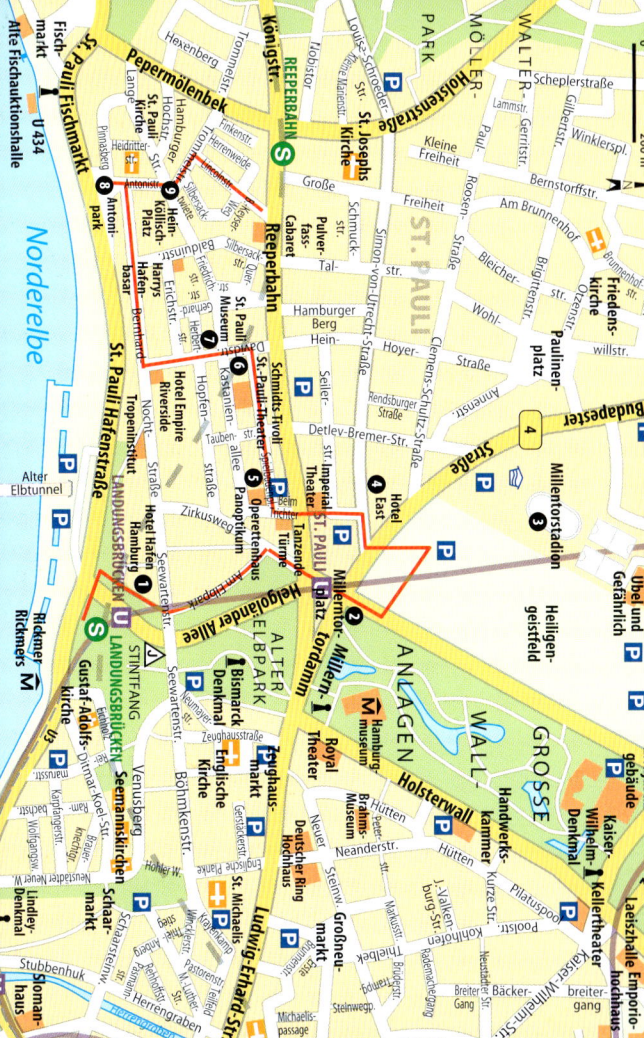

St. Pauli bei Nacht

mittel

**Tanzende Türme → Schmidts Tivoli → Große Freiheit →
Hans-Albers-Platz → Empire Riverside Hotel**

Die Reeperbahn als Hans-Albers-Idylle kann man vergessen:
Schon lange ist sie keine Piste für einsame Seeleute mehr,
sondern Hamburgs quirligster, buntester Hotspot mit ungeheurer
Spaßvielfalt für jeden Geschmack. Dazu gehören winzige Sexgassen
wie die Herbertstraße – und Hochhäuser von Star-Architekten.

Start: ① St. Pauli (U 3)
Ziel: Ⓢ Reeperbahn (S 1, 3)
Wann: Hotspot: Samstagnacht ab 22 Uhr;
sonntags ist es am ruhigsten

Die **Tanzenden Türme** ❶, ein Doppelhochhaus von Hadi Teherani, markieren seit 2012 schwungvoll den Anfang der **Reeperbahn**; Bar und Restaurant **Heaven** im 23. und 24. Stock eröffnen
2013; der **Mojo Club**, Dancefloor-Jazz vom Feinsten, zieht ins
Souterrain ein.

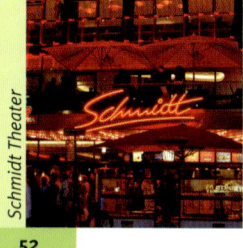

Schmidt Theater

Die weltbekannte Achse durch das Rot-
lichtviertel von **St. Pauli** ist schrill, aber keine Glitzerstraße: bunte Peepshows, solide
Hotels wie das Monopol, Erotikshop Boutique Bizarre, Imbissbuden, Spielkasinos.
Am **Spielbudenplatz** stehen gleich vier Theater der leichten Muse: Musical-Hochburg
ist das **Operettenhaus** (Nr. 1), ab 2012 mit

der Boxer-Herz-Schmerz-Story »Rocky«. **Schmidt Theater** und **Schmidts Tivoli** ❷ (Nr. 24–28; s. Nightlife, S. 147) sind Garanten für Lachsalven und anzüglichen Humor. Renner des Gastronomietheaters Tivoli ist das Musical »Heiße Ecke« – echtes St. Pauli-Gefühl auf der Bühne! Schmidts hat auch stilvolle Bars: **Angie's Nightclub** (Livemusik; Do–Sa ab 22 Uhr) und **Glanz & Gloria** (tgl. ab 18 Uhr). Das denkmalgeschützte **St. Pauli-Theater** (Nr. 29–30) von 1841 blieb immer am Puls der Zeit mit Bühnenhits, Kabarett, Komik und anspruchsvollen Gastspielen. Nebenan: die **Davidwache**.

Beatlesplatz

Die gespreizten Frauenbeine am Eingang der Hinterhofkneipe **Zur Ritze** ❸ (Reeperbahn 140, Mo–Sa ab 14, So ab 18 Uhr) malte Kiezkünstler Erwin Ross. Immer noch kann man im Keller boxen wie einst der Wirt oder schwere Jungs vom Kiez.

Auf dem **Beatlesplatz** ❹ begegnet man den »Fab Four« als modernen Skulpturen. Im Star Club auf der **Großen Freiheit** ❺ begann ihre Karriere Anfang der 1960er-Jahre. Den Club gibt es nicht mehr, und in der ehemals verruchten Straße mit Hamburgs buntester Neonreklame und der einst vielen Striptease-Cabarets zeigt nur noch das **Safari** (Nr. 24–28, Di–Sa 20–4 Uhr) eine mitreißende Show. Partygäste strömen heute in Livemusik-Clubs wie **Große Freiheit 36**

Große Freiheit

(www.grosse-freiheit36.de). Überraschend in der Straße ist die barocke katholische **St. Josephskirche** von 1723. Hamburg war zu jener Zeit weniger liberal, aber das dänische Altona gewährte hier Religions- und Gewerbefreiheit – daher der Straßenname »Große Freiheit«!

Das **Pulverfass Travestie-Cabaret** ❻ (Reeperbahn 147, tgl. ab 19.30 Uhr) zeigt monatlich eine neue schillernde Verwandlungs-Show. Auf dem **Hans-Albers-Platz** ❼ erinnert die Statue des Filmstars in der Mitte an den unvergessenen Schauspieler, den Filme wie »Große Freiheit Nr. 7« berühmt machten; die Hans-Albers-Statue schuf Jörg Immendorff (1945–2007). Rings um den Platz herrscht Partystimmung, im Sommer im Freien. Gern wird im **Albers Eck** (Nr. 20, Do–Sa ab 21 Uhr) geflirtet; ein Muss für Livemusik-Fans ist das irisch-amerikanische Dreigestirn aus **Molly Malone** (Nr. 14, Di–Sa ab 20 Uhr), **Drafthouse** (Nr. 15, Fr, Sa ab 21 Uhr) und **Academy** (Nr. 16, Mo–Sa ab 20 Uhr).

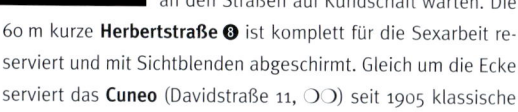

Pulverfass

Kunstprofessor Immendorff gründete 1984 die Bar **La Paloma** (Friedrichstraße 11, Di–So ab 19 Uhr) – er liebte das Flair der Gassen zwischen Hans-Albers-Platz und Davidstraße, den **Sperrbezirk**, wo jede Nacht zwischen 20 und 6 Uhr dienstbereite Frauen an den Straßen auf Kundschaft warten. Die 60 m kurze **Herbertstraße** ❽ ist komplett für die Sexarbeit reserviert und mit Sichtblenden abgeschirmt. Gleich um die Ecke serviert das **Cuneo** (Davidstraße 11, ◯◯) seit 1905 klassische italienische Küche in familiärer Atmosphäre.

Gegenüber wartet die **20up Bar** (s. Nightlife, S. 144) im 20-stöckigen Hochhaus von David Chipperfield, dem **Empire Riverside Hotel** ❾ (Bernhard-Nocht-Straße 97): Der Blick auf den nächtlichen Hafen macht jeden St. Pauli-Abend unvergesslich.

Touren im Anschluss: 2, 9, 10, 11, 13

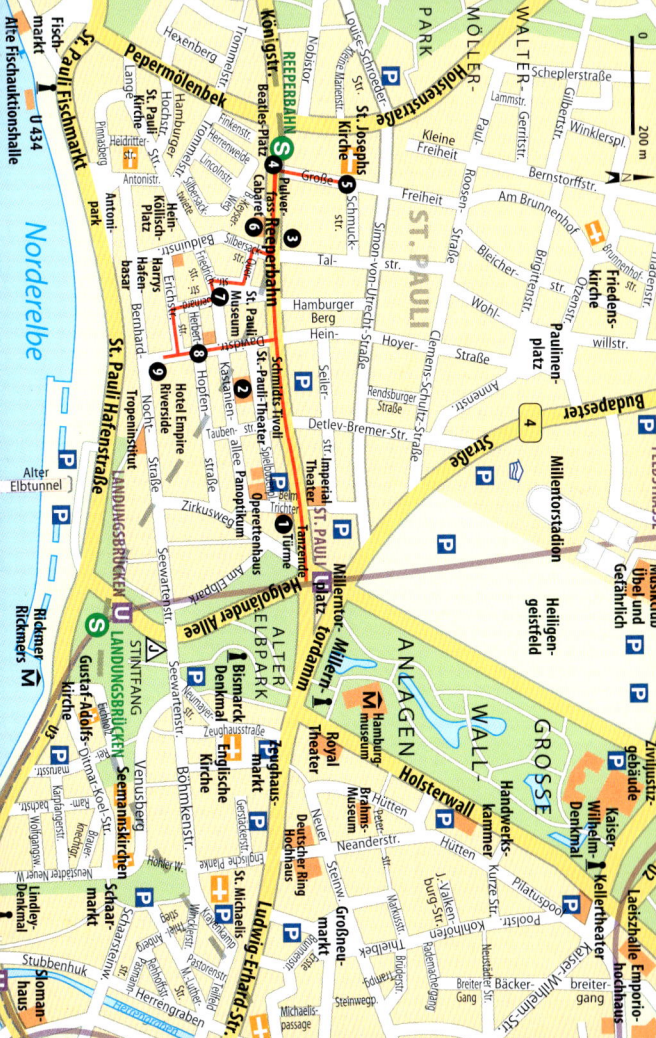

Vom Fischmarkt zum Dockland

mittel

U 434 → Fischmarkt → Alte Fischauktionshalle → Stilwerk → Schellfischposten → Fischgroßmarkt → Cruise Center Altona → Dockland

Der Fischmarkt am Sonntagmorgen ist ein echtes Stück Hamburg: Gutgelaunte St.-Pauli- Pistengänger treffen auf Frühaufsteher und Schnäppchenjäger; aus der Fischauktionshalle dröhnt Livemusik zum Tanz. Die Große Elbstraße mit neuer Architektur und edel sanierten Altbauten ist eine erstklassige Restaurantmeile in Sachen Fisch und Meeresfrüchte.

Start: Hafentreppe (Bus 112)
Ziel: Dockland (Fähre 62)
Wann: Fischmarkt Sonntagvormittag.
Die Große Elbstraße ist werktags belebter.

Ruhig ist es unter der Woche am Elbufer beim Fischmarkt, wo die **U 434** ❶ (Mo–Sa 9–20, So 11–20 Uhr, www.u-434.de) als Museumsschiff liegt: Das sowjetische nichtatomare U-Boot von 1976 ist eines der größten seiner Art. Dass hier die ideale Körpergröße eines Matrosen bei nur 1,65 m liegt, glaubt man bei der Führung durch die verwinkelte Röhre sofort.

Am Sonntagmorgen ist es aus mit der Ruhe, dann ist **Fischmarkt** (April–Okt. 5 bis 9.30, sonst 6–9.30 Uhr). Tausende Besucher genießen das urhamburgische Flair und die

Fischmarkt

bunte Mischung aus Wochenmarkt mit Hafenambiente, Marktschreiern, Souvenirständen und am Marktrand die eine oder andere Kneipe, in der das dichtgedrängte Kneipenvolk sich von Seemannsliedern berieseln lässt. Ein paar Stände verkaufen tatsächlich noch Fisch frisch oder geräuchert zum Schnäppchenpreis. Am Anleger kann man sogar direkt vom Kutter Fisch erwerben. In der **Alten Fischauktionshalle** ❷ von 1895 spielt Livemusik zu Frühstück und wärmenden Getränken im Winter, während einige Unentwegte auf dem groben Straßenpflaster der Halle das Tanzbein schwingen.

<figure><figcaption>*Alte Fischaktionshalle*</figcaption></figure>

Bei Sturmfluten – hoffentlich nicht am Sonntag! – rauscht hier das Elbwasser herein, bei der nächsten Ebbe wird alles wieder trocken. Schutzmauern gibt es am Fischmarktufer nicht.

Elbabwärts reihen sich an der Großen Elbstraße luxussanierte Backsteinbauten: Die früheren Getreidespeicher und Lagerhäuser dienen heute als Büros oder Lofts in Vorzugslage am Wasser – und ausreichendem Flutschutz. Im **Stadtlagerhaus** (Nr. 27) genießt man ausgezeichnete italienische Speisen und spannende Ausblicke auf den Hafen auf der Terrasse des **La Vela** (○○).

Als man 1996 die Mälzerei von 1907 in das moderne **Stilwerk** ❸ (Nr. 68) umwandelte, blieb die markante Ablufthaube auf dem Dach. 30 Geschäfte bieten in der ehemaligen Fabrik modernes Wohndesign und Accessoires an, die das Wohnen verschönern. Ein paar Schritte weiter wird es nostalgisch: Neben einem Seemannsheim stößt man auf urige Hafenkneipen-Atmosphäre: z.B. in der **Haifischbar** (Nr. 128, tgl. ab 11 Uhr) und im **Schellfischposten** ❹ um die Ecke (Carsten-Rehder-

Str. 62, tgl. ab 12 Uhr), ihn machte die Talkshow »Inas Nacht« bekannt.

Am Ufer ein schlanker Wohnturm und ein massives Bürohaus – aber dahinter dreht sich dann tatsächlich alles um Fisch und Meeresfrüchte. Seafood-Liebhaber zieht es in die Geschäfte und Lokale rund um den **Fischgroßmarkt ❺**. **Hummer Pedersen** (s. Shopping, S. 139) verkauft Schalen- und Krustentiere, im kleinen Bistro kann man schon mal vorkosten. Spezialist

Henssler&Henssler

für feines Sushi ist **Henssler&Henssler** (Nr. 160, ○–○○). Vom renommierten Fischrestaurant **Rive** (Van-der-Smissen-Str. 1, ○○) im früheren Fährterminal gibt es zu leckeren Fischgerichten spannende Ausblicke auf den Schiffsverkehr.

Das Kreuzfahrtterminal **Cruise Center Altona ❻** daneben wirkt wie eine moderne Skulptur. Wenn nicht gerade ein Luxusliner die Sicht auf die Elbe versperrt, ist das geräumige »Farewell-Deck« auf dem Gebäudedach ein schöner Ausguck. Eher bescheiden erscheint der Backsteinbau am Westende des Fischgroßmarkts: Was 1951 als einfache Fischgaststätte begann, wurde unter Familie Kowalke zu einer Hamburger Institution für vielfach ausgezeichnete Fischküche: **Fischereihafenrestaurant ❼** (Nr. 143; s. Restaurants, S. 134). An eine schnittige Jacht auf der Elbe lässt das futuristische Bürogebäude **Dockland ❽** denken, sein Architekt ist Hadi Teherani. Eine Freitreppe führt zur öffentlichen **Dachterrasse**; fantastisch weit reicht die Sicht auf Hafen und Elbtal. Erst recht attraktiv ist der Ausblick, wenn nebenan ein Kreuzfahrtschiff festmacht.

Touren im Anschluss: 9, 11, 12, 28

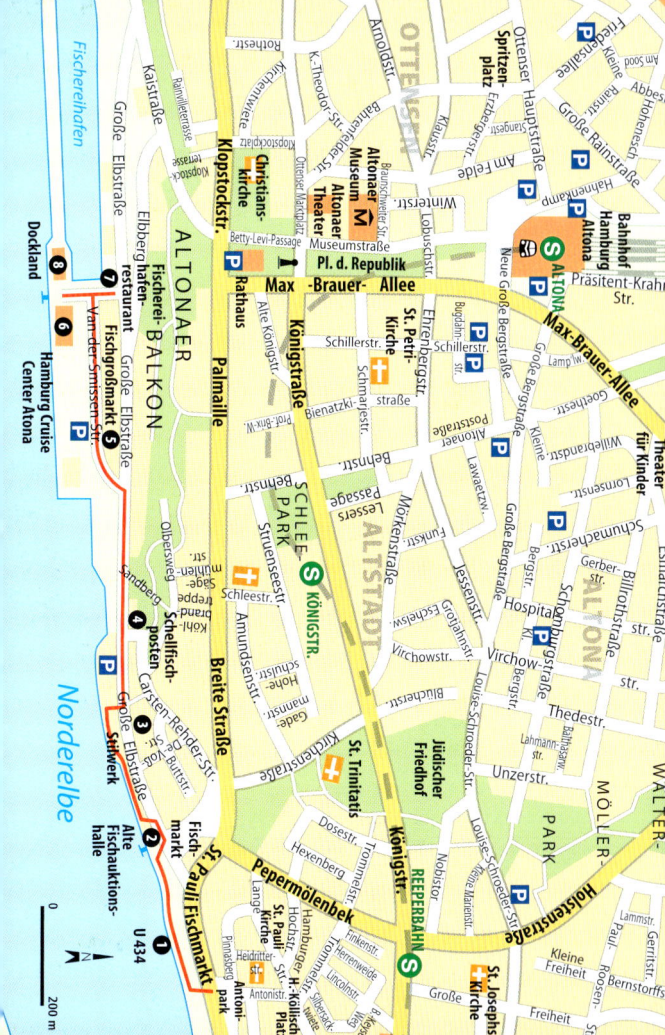

Sonnenseite der Außenalster

kurz

Mundsburger Brücke → **Literaturhaus** → **Gästehaus des Hamburgischen Senats** → **Imam-Ali-Moschee** → **Bellevue** → **Mühlenkamp-Kanal** → **Terrassenhäuser am Mühlenkamp**

Vom Ostufer der Außenalster hat man den schönsten Weitblick auf die Stadt, hier genießt man die Mittags- und Abendsonne. Literaturhaus und Senats-Gästehaus sowie die Terrassenhäuser am Mühlenkamp rufen das 19. Jh. wach.

Start:	**Mundsburger Brücke (Bus 6, 37, 172, 173)**
Ziel:	**Gertigstraße oder Mühlenkamp (Bus 6, 25)**
Wann:	**ganzjährig bei jedem Wind und Wetter zu allen Tageszeiten, auch abends**

Von der **Mundsburger Brücke** ❶ sind es nur ein paar Schritte am Kanal entlang zur Außenalster. Schöne alte Bäume säumen die – auch bei Joggern sehr beliebten – Uferwege, auf denen man an Wochenenden schon mal Platzangst bekommen kann. Kaum vorstellbar, dass hier vor knapp 150 Jahren versumpftes Wiesen- und Weideland war! Erst nach 1860 wurde das Ostufer mit Hilfe von Kanälen entwässert und erschlossen. Aus der sumpfigen »Insellandschaft«, in der einst die »Eulen nisteten«, entstand der Stadtteil **Uhlenhorst**. Gründerzeit- und Jugendstilhäuser prägen die Straßen, Neubauten füllen die Lücken, die der Zweite Weltkrieg riss.

Die herrschaftlichen Etagenhäuser am Schwanenwik sind eine begehrte Wohnadresse, in Nummer 38 gibt es Gelegenheit, ein denkmalgeschütztes Haus von innen zu bewundern: das **Literaturhaus** ❷ mit seinem prachtvollen Saal, in dem auch das **Literaturhauscafé** untergebracht ist (s. Restaurants, S. 135; www.literaturhaus-hamburg.de). In diesem stilvollen Ambiente finden regelmäßig Dichterlesungen statt, Hamburger genießen die schöne Umgebung für ein Frühstück oder Essen, oder sie feiern ihre Feste dort. Vom verglasten Schmöker-Erker in der **Buchhandlung Samtleben** (Mo–Fr 11–19, Sa 11–16 Uhr) im Hochparterre schaut man auf die Alster.

Alsterperle

Gegenüber am Ufer der Außenalster hat sich ein ehemaliges Toilettenhäuschen zu einem Hamburger Szenetreffpunkt gemausert; in der **Alsterperle** ❸ (www.alsterperle. com) trifft man sich ganzjährig – selbst bei Minusgraden – zwischen 8 Uhr und 20 Uhr plus zu einem Käffchen oder Aperol Spritz im Freien.

Nicht umsonst trägt die Straße parallel zum Alsteruferweg den Namen **Schöne Aussicht**. Dort, wo sich auf der anderen Straßenseite elegante Villen wie an einer Perlenschnur reihen, bietet sich ein fantastischer Ausblick auf die schillernde Wasserfläche, Segelboote, Kanus und Tretboote. Wer sich animiert fühlt: Eine **Bootsvermietung** findet man in der Sommersaison hinter dem **Café Hansa-Steg** ❹.

An der Alster

Nur wenige der teuren Alstervillen stammen noch aus früheren Zeiten. Aber in Schöne Aussicht Nr. 8 blieb die Villa von 1868 nach Plänen des Rathausbaumeisters Martin Haller als **Gästehaus des Senats** ❺ erhalten; dank eines eigenen Anlegepontons am **Feenteich** ❻ können die hohen Gäste der Hansestadt sogar per Boot anreisen. Am **Anleger Uhlenhorster Fährhaus** ❼ halten zur Sommersaison die Barkassen der **Alster-Kreuzfahrt**. Auf der gegenüberliegenden Seite setzt der bunt gekachelte Bau der **Imam-Ali-Moschee** ❽, seit 1961 Zentrum der Hamburger Schiiten, einen ungewohnten, aber farbenfrohen Akzent. Zu

Alsterpark

einer Rast lädt die Bankreihe im kleinen **Alsterpark** ❾ ein. Den Glaspavillon »Double Triangular Pavilion« schuf der amerikanische Künstler Dan Graham 1989; der Grundriss ist ein jüdischer Stern.

Am **Langenzug** ❿ fischte man bis ins 19. Jh. mit einem quer über den Flusslauf reichenden, an beiden Ufern gezogenen Netz. Nördlich von diesem Alster-Nebenfluss verspricht der Straßenname **Bellevue** ⓫ ebenfalls einen reizvollen Alsterblick. Dennoch verlässt man hier das Alsterufer, um den malerischen Kanälen zu folgen, die die Stadtviertel Uhlenhorst, Winterhude und Barmbek, durchziehen. Früher dienten sie der Entwässerung und als Verkehrswege für Lastkähne. Heute sind sie ein beliebtes Wassersportrevier. Am **Mühlenkamper Kanal** ⓬ kann man Kaffee oder Kuchen direkt vom Boot aus ordern. Wer zu Fuß unterwegs ist, kann sich in den vielen Cafés, Bistros und Restaurants am **Mühlenkamp** stärken oder ausgiebig shoppen. Das Revier mit seinen schönen Jugendstil-Etagenhäusern ist eine beliebte Wohngegend. Auch die hübschen **Terrassenhäuser** ⓭, Mühlenkamp 8–14, stammen aus damaliger Zeit.

Touren im Anschluss: 5, 16

Univiertel und jüdisches Hamburg

**Universitäts-Hauptgebäude → Mineralogisches Museum
→ Zoologisches Museum → Joseph-Carlebach-Platz
→ Café Leonar → Neue und Alte Klaus**

kurz

Das Grindelviertel mit seinem Uni-Campus ist ein belebter Stadtteil mit einer Fülle an interessanten Geschäften und bezahlbaren Restaurants, Bistros und Cafés. Vielerorts wird an die jüdische Vergangenheit Hamburgs erinnert, und hie und da fasst heute die jüdische Kultur neue Wurzeln.

Start:	🅢 Dammtor (S 11, 21, 31)
Ziel:	Bezirksamt Eimsbüttel (Bus 4, 5, 15)
Wann:	jederzeit, abends lebhafte Kneipenszene

Universität Hamburg

Ein »Kolonialinstitut« war Ursprung der 1919 gegründeten **Universität Hamburg**; das **Universitäts-Hauptgebäude ❶** stiftete Reeder Edmund Siemers 1911. Auch die beiden 90 Jahre später gebauten Flügel links und rechts des säulenverzierten Hauptbaus sind Schenkungen – der Hamburger Familie Greve. Der Campus für die heute ca. 40 000 Studenten verteilt sich weit über den Stadtteil.

Auf dem Rasen neben dem Westflügel steht seit 1983 der massige Steinquader des Künstlers Ulrich Rückriem. Er mahnt, den **Platz der Deportierten** nie zu vergessen, auf dem sich auf Befehl der Nazis Hamburger Juden vor ihrem Transport in Vernichtungslager versammeln mussten. Vom Verbot der Nazis betroffen war auch die Freimaurerei, die in Hamburg eine lange Tradition (seit 1737) hatte und hat. Der neoklassizistische Bau ihrer **Provinzialloge Niedersachsen** (Moorweidenstraße 36) grenzt an den Platz und ist heute wieder aktives Zentrum der Freimaurer. An die Naziverfolgung erinnert auch die Namensgebung für die nahe **Staats- und Universitätsbibliothek** nach dem Publizisten **Carl von Ossietzky** (Von-Melle-Park 3), dem 1935 während seiner Haft der Friedensnobelpreis zuerkannt worden war.

Nördlich davon wuchs in den 1950er- und 1960er-Jahren ein moderner Campus heran, herausragende Bauten sind das **Auditorium Maximum** ❷ (kurz: Audimax), daneben der 52 m hohe **Philosophenturm** (kurz: Philturm).

Das **Mineralogische Museum** ❸ (Grindelallee 48, Mi 15–18, So 10–17 Uhr) ist eine echte Entdeckung. Rund 1500 Objekte umfasst die kunstvoll inszenierte öffentliche Schausammlung, z.B. durchscheinende Glimmerplatten und glitzernde Kristallstufen in allen Farben. Die meisten naturwissenschaftlichen Institute befinden sich auf dem westlich der **Grindelallee** erweiterten Campus. Dort ist auch das **Zoologische Museum** ❹ (Martin-Luther-King-Platz 3, Di–So 10–17 Uhr) vertreten mit einer einzigartigen Sammlung von Walskeletten, europäischen Säugetieren und Huftieren aus aller Welt, vielen Vogelarten und Insekten.

Im Zoologischen Museum

Das jüdische Leben Hamburgs konzentrierte sich ab 1900 im Grindelviertel. Zahllose **Stolpersteine** in Form von Messing-Pflastersteinen vor den Wohnungen ehemaliger Naziopfer ma-

Pappnase

chen deutlich, wie viele Menschen in diesem Quartier Opfer des Nationalsozialismus wurden. Heute sprudelt hier studentisches Leben. Mehrere Buchhandlungen, zahlreiche preiswerte Lokale und Straßencafés, ausgefallene Läden wie **comics total!** und **Pappnase** (s. Shopping, S. 141) passen hier genauso ins Bild wie Hamburgs größtes Studiokino **Abaton ❺** (s. Nightlife, S. 144).

Sie vermögen jedoch nicht zu überdecken, dass in diesem Viertel völlig sinnlos blühendes jüdisches Leben ausgelöscht wurde. Eine dunkel- und hellgrau gepflasterte Fläche ist der **Jo-**

Studiokino Abaton

seph-Carlebach-Platz ❻. Er erinnert an den unerschrockenen Rabbiner und Lehrer an der benachbarten ehemaligen **Talmud-Tora-Schule** (heute Joseph-Carlebach-Schule, Grindelhof 30) und die 1906 errichtete **Synagoge am Bornplatz**. Dunkle Pflastersteine deuten ihre Umrisse und die Linien ihres Gewölbes an. Nachdem der 40 m hohe Kuppelbau, der 1200 Menschen fassen konnte, 1938 bereits geschändet worden war, zwang man die jüdische Gemeinde, ihn selbst abzutragen.

Mit der Schule der jüdischen Gemeinde oder dem **Café Leonar ❼** (Grindelhof 87, ○), ein äußerst gemütliches Kulturzentrum mit koscherer Küche, knüpft das Viertel an seine frühere Tradition an. Unzerstört blieb das Gebäude der jüdischen Bildungsstätte **Neue und Alte Klaus ❾** (Rutschbahn 11a), das derzeit privat vermietet ist.

Touren im Anschluss: 2, 16, 17

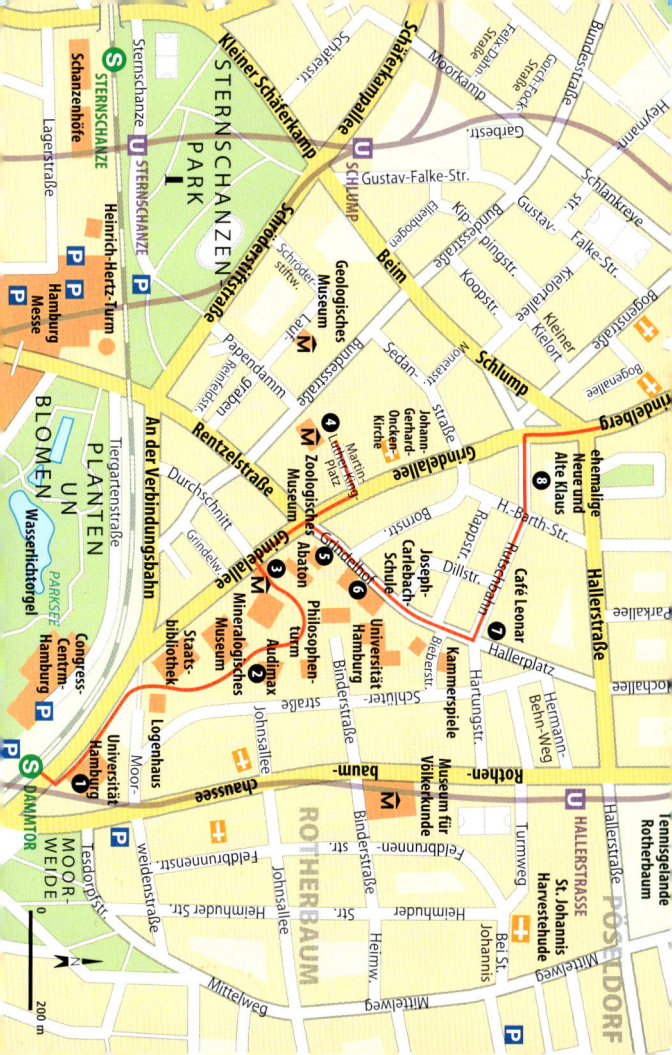

Rund um Pöseldorf und Alsterpark

mittel

Museum für Völkerkunde → **Ballin-Villa** → **Hamburger Institut für Sozialforschung** → **St. Johannis Harvestehude** → **Budge-Palais** → **Alstervorland** → **Hauptkirche St. Nikolai**

Pöseldorf wird oft als Stadtviertel für Gutverdiener angesehen. Doch haben in dieser Gegend zahlreiche zahlreiche Einrichtungen ihre Portale für alle Bürger geöffnet: Völkerkundemuseum, Hochschule für Musik und Theater mit ihren Räumen im früheren Budge-Palais und nicht zuletzt die Grünanlagen am Alsterufer.

Start: Ⓤ Hallerstraße (U 1)
Ziel: Ⓤ Klosterstern (U 1)
Wann: tagsüber; Museum Mo geschlossen

Völkerkunde-Museum

Das **Museum für Völkerkunde** ❶ (Rothenbaumchaussee 64, Di–So 10–18, Do bis 21 Uhr, www.voelkerkundemuseum.com) weckt mit seinen Sammlungen aus aller Welt Fernweh. Zu sehen sind u.a. Aby Warburgs Kollektion amerikanischer Figuren, Südseemasken und sogar ein Hexenarchiv. Das Museum bietet rund ums Jahr ein interessantes Vortrags-, Kurs- und Kinderprogramm sowie den alljährlichen »Markt der Völker« mit Kunsthandwerk aus allen Ländern. Das hübsche **Chinesische Teehaus** (Feldbrunnenstraße 67) hinter dem Museum ist ein Geschenk der Partnerstadt Shanghai, dort befindet sich auch das reich verzierte Original im Yu-Garten.

Wuchtig wirkt die **Ballin-Villa** (Feldbrunnenstr. 58), einst Wohnhaus des HAPAG-Reeders Albert Ballin. Wo früher Kaiser Wilhelm II. einkehrte, bereitet heute das **UNESCO-Institut für Lebenslanges Lernen** Alphabetisierungskampagnen vor. Vom selben Architekturbüro Lundt und Kallmorgen stammt **Haus Behn ❷** (Nr. 56), in dem die **ZEIT-Stiftung** residiert. In viele Villen im Viertel sind Büros eingezogen. Der **Mittelweg** zieht sich durch das grüne Stadtquartier westlich der Außenalster. In Nr. 36 entsteht die Zeitschrift des **Hamburger Instituts für Sozialforschung ❸**, die private Forschungsstelle ist eine Stiftung des Hamburger Literaturprofessors Jan Philipp Reemtsma (Bibliothek Di, Do 9–17 Uhr, www.his-online.de). Brisante Themen werden hier aufgearbeitet wie z.B. die kritische und Aufsehen erregende Wanderausstellung zur deutschen Wehrmacht.

Weithin sichtbar ist der spitze Turm der Kirche **St. Johannis Harvestehude ❹** (Turmweg, Do 10–14, So 14.30–16.30 Uhr, www.st-johannis-hh.de). Das gern als Konzertkirche genutzte Gebäude hat seine Neogotik von 1882 bewahrt. Bürger stifteten die leuchtend bunten Glasfenster. In diese Gegend zogen nach dem Großfeuer von 1842 Hamburger, die ihre Wohnungen verloren hatten, indem sie ihre Sommerhäuser in dauerhafte Unterkünfte umwandelten. Wer hier einst »pöselte«, also herumwirtschaftete, weiß man nicht mehr – inoffiziell heißt das Viertel **Pöseldorf**. Schmal und grün sind die teuren Wohnstraßen. In der **Milchstraße ❺** findet man Edelboutiquen (Modedesignerin Jil Sander begann hier ihre Karriere), Galerien und Restaurants. Belebt wird die Szene seit 1956 durch die **Hochschule für Musik und Theater**: Die großbürgerliche Villa **Budge-Palais ❻** ist

Budge-Palais

Alstervorland

stilvoller Rahmen für Konzerte von Jazz bis Operette (Programm: www.hfmt-hamburg. de). In den Konzertpausen genießt man von der Terrasse den Ausblick auf den Garten und das **Alstervorland** ❼. Hamburg beschloss 1950, das gesamte Ufer der Außenalster öffentlich zugänglich zu machen. So wurden 1953 die Privatgrundstücke der Alsteraue in eine viel besuchte Parkanlage verwandelt. Ein beliebter Treffpunkt am Wasser ist das Restaurant **Alster-Cliff** ❽ (Fährdamm 13, ○–○○, www.alster-cliff.de). Für Drinks macht man im idyllischen **Red Dog Pub & Café** ❾, einem ehemaligen Toilettenhäuschen, Station. Tolle Aussicht auf den gesamten Alster-See hat man vom Anleger bei **Bobby Reich** ❿. Von der **Krugkoppelbrücke**, ein Schmuckstück von Fritz Schumacher, genießt man ebenfalls die weite Sicht über die Außenalster und nach Norden über den Alsterfluss.

Vom **Eichenpark** ⓫ mit seinen Denkmälern für den Dichter Friedrich von Hagedorn und den Physiker Heinrich Hertz gelangt

Red Dog Pub

man auf dem Harvestehuder Weg zur **Hauptkirche St. Nikolai** ⓬ (Nr. 118, tgl. 8–18 Uhr, www.hauptkirche-stnikolai.de). Nach dem Bombenhagel von 1943 gab die Kirche ihren Platz in der City auf und sammelte an dieser Stelle eine neue Gemeinde um sich. Ein Mosaik von Oskar Kokoschka schmückt den Altar.

Touren im Anschluss: 14, 15, 17

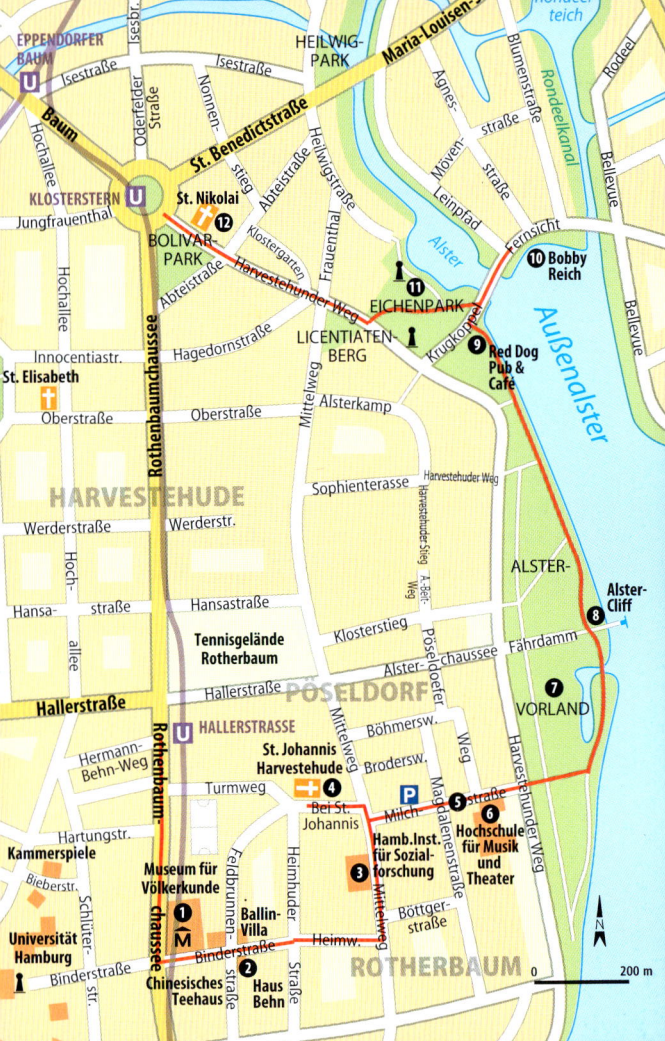

Shoppen und genießen in Eppendorf

mittel

U-Bahnhof Klosterstern → **Kaufrausch** → **Isemarkt** → **Schokovida** → **Kaffeerösterei Burg** → **Tassajara** → **Cornelia Poletto**

Eppendorf und die angrenzenden Stadtteile sind durchgrünte Wohngebiete mit schönen Gründerzeit-Etagenhäusern. Wer hier wohnt, zeigt Stil und Geschmack und ist gewillt, Geld auszugeben. Ausgefallen, aber nicht immer teuer, sind die Eppendorfer Geschäfte und Restaurants. Den Isemarkt muss man einfach erlebt haben.

Start:	ⓤ Klosterstern (U 1)
Ziel:	ⓤ Kellinghusenstraße (U 1, 3)
Wann:	Isemarkt Dienstag- und Freitagvormittag, danach lässt's gut bummeln, auch über den Ladenschluss hinaus

Austern

Der **U-Bahnhof Klosterstern** ❶ mit seinen Art-déco-Lampen zählt zu den schönsten Stationen der Stadt. Auf der Straße **Eppendorfer Baum** herrscht Trubel, solange die Geschäfte geöffnet sind: Bei **Lienau** (Nr. 13) findet man erlesenes Holzspielzeug. **Fische Schmidt** (Nr. 18) macht mit Kaviar, Hummer, Austern und feinen Salaten Appetit. In der **Parfümerie Meister** (Nr. 12) betören nicht nur kostbare Düfte, auch die exquisite Inneneinrichtung ist ein Ereignis. **Labels**

for Less (Nr. 16) schont mit Lagerverkauf von Design-Kollektionen den Geldbeutel.

Entzückend ist **Kaufrausch ❷** (Isestraße 74), ein Mini-Kaufhaus mit Wohnzimmeratmosphäre, es bietet Schickes fürs Heim und zum Anziehen sowie einfallsreiches Leder- und Schmuck-

Isemarkt

design. In **Harry's Bar** (10–18 Uhr) kann man sich vom Kaufrausch erholen. Der könnte an einem Dienstag- oder Freitagvormittag besonders anschwellen, wenn der **Isemarkt ❸** (8.30–14 Uhr) stattfindet. Die kulinarische Meile verführt auf 970 m direkt unter dem U-Bahn-Viadukt zwischen den Stationen Hoheluft und Eppendorfer Baum zu reichlich Sinnesgenüssen: erlesene Brot- und Käsesorten, Obst und Gemüse aus der Region, viele Bio-Lebensmittel und Exotisches, außerdem Kleidung, Seifen, Haushalts- und Geschenkartikel. Dazu das gemütliche Flair: Man trifft Freunde, Bekannte, sieht ab und zu auch ein prominentes Gesicht und lässt sich auf einen netten Schnack mit den Marktfrauen und Händlern ein.

Nördlich des **Isebekkanals** drängt sich Geschäft an Geschäft. Bei **Schokovida ❹** (s. Shopping, S. 142) ist man in der Welt edler Kakaoprodukte, hausgemachte Schokoladensorten tragen so originelle Namen wie »Elbstrand« oder »Fischkopp«.

Die **Hegestraße** ist ein Eldorado für Modefreaks. Völlig konträr zum schrägen Namen kleidet **FKK ❺** (Nr. 22) weibliche und männliche Kunden an in edle Stoffe mit hamburgischem Design-Understatement. Am **Eppendorfer Weg** lernt man die **Kaffeerösterei Burg ❻** (Nr. 252) kennen, wo seit 1948 feine Kaffeebohnen

Kaffeerösterei Burg

auf den Punkt genau geröstet werden. Tee gibt es auch und vielerlei bunten Schnickschnack, sogar ein **Kaffeemuseum**. Die Geschäftsmeile des Stadtteils ist die **Eppendorfer Landstraße**. Gleich am Anfang trifft das indische Restaurant **Tassajara** ❼ (Nr. 4 ⵔ–ⵔⵔ) mit seinen vegetarischen Gerichten schon seit über 35 Jahren den Geschmack der Eppendorfer.

Italienisches Lebensgefühl ist gefragt in Eppendorf: **Wohndesign cosí** (Nr. 48) sorgt mit Designmöbeln fürs passende Ambiente zu Hause. **Das Buch** (Nr. 56) ist ein fabelhafter Ort für Leseratten: gutes Antiquariat und Sortiment, belesene Beratung. Das größte Geschäft mit hochpreisigen Modelabels ist die **Boutique Anita Hass** (Nr. 60). Angesagte Markenklamotten für Kinder gibt es bei **Loop** (Nr. 39). Schuhfans sehen immer mal wieder bei **Milliways** (Nr. 64) vorbei.

Cornelia Poletto

Spätestens in der Nr. 80, im **Cornelia Poletto** (s. Restaurants, S. 133), legen Genießer eine Pause ein und lassen sich von der Sterneköchin mit ausgezeichneten italienischen Gerichten oder Menüs verwöhnen. In ihrem 2011 neueröffneten Esslokal und Gastronomia verbindet die kreative Köchin ein Feinkostgeschäft mit Restaurant. Hier kann man hervorragende Öle, Essig, Käse, Wurst und Weine sowie hausgemachte Poletto-Delikatessen einkaufen oder auch nur ihre kreative Küche genießen. Wer einmal »Pollo alla Poletto« geschmeckt hat, ein halbes Rotisseriehühnchen mit Tomaten-Brot-Salat, wird so bald kein anderes Hähnchen mehr essen wollen.

Touren im Anschluss: 16, 18

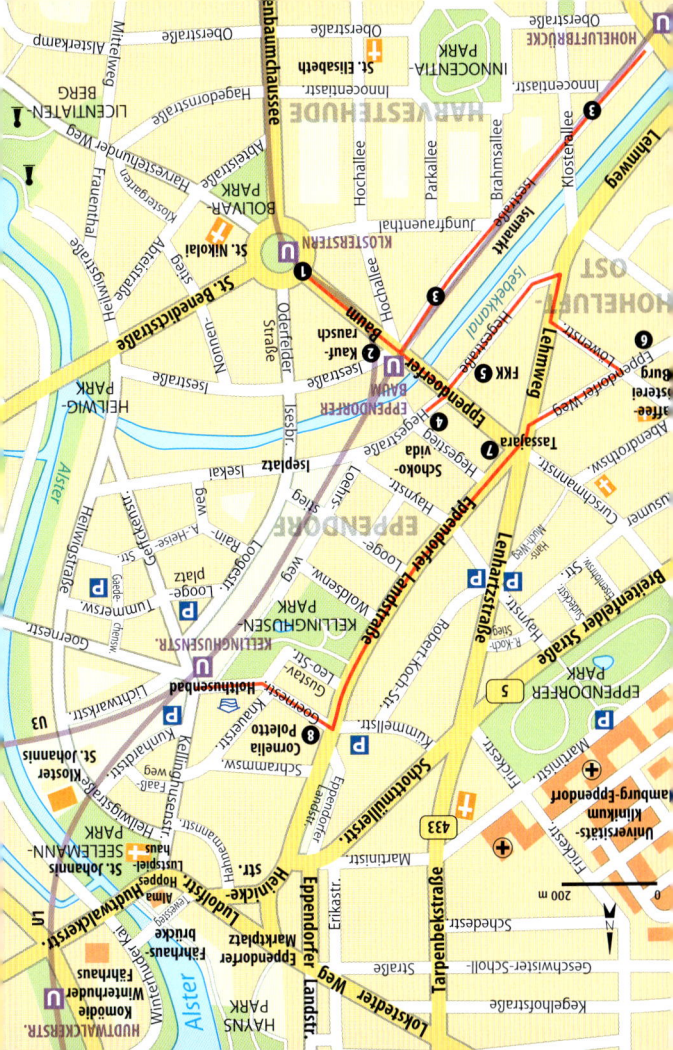

Von Wohltätern in Eppendorf und Winterhude

mittel

St. Johannis Eppendorf → Kulturhaus Eppendorf → Vater-
städtische Stiftung → Garten de l'Aigle → Eppendorfer
Mühlenteich → Hayns Park → Magazin-Kino → Planetarium

Eppendorf und Winterhude gelten als Stadtteile für gehobene
Ansprüche. Doch seit Ende des 19. Jh. ließen hier auch Stifter oder
Genossenschaften ganze Straßenzüge mit Wohnblocks bebauen, in
denen bedürftige Städter preiswerte oder kostenlose Unterkunft
fanden – bis heute eine sehenswerte Wohnidylle.

Start: ⓤ Hudtwalckerstraße (U1)
Ziel: Planetarium (Bus 20, 118)
Wann: von Frühling bis Herbst, an Tagen mit klarer Sicht

Winterhude liegt im Osten, Eppendorf im Westen des Alster-
laufs. Am Westufer bezeugt die mittelalterliche Kirche **St. Johannis** ❶ das hohe Alter des »Dorfs«. Das Fach-
werk-Langhaus und den Ziegelturm bekam
sie in der Barockzeit. In einer schönen Gar-
tenanlage am rechten Alsterufer liegt das
Kloster St. Johannis ❷, dessen Ursprung im
13. Jh. liegt, in dem Gebäudekomplex von
1914 befindet sich ein Evangelisches Da-
menstift.

Das Dorf wandelte sich Ende des 19. Jh.
zum noblen Hamburger Vorort; typisch für
diese Epoche ist das Gründerzeit-Eckhaus,

Kloster St. Johannis

in dem die **Konditorei Lindtner** ❸ (s. Restaurants, S. 135) schon in der dritten Generation Alt und Jung mit Back- und Naschwerk verwöhnt.

Ab 1879 legte die Stadt das Krankenhaus in Eppendorf an (heute Universitätskliniken). Nebenan stellte sie privaten wohltätigen Stiftungen Baugrund zur Verfügung, denn die Industrialisierung führte zu Wohnungsnot. Aus Tradition fühlten sich reiche Hamburger Bürger seinerzeit zur Hilfe verpflichtet.

Das imposante **Daniel-Schutte-Stift** ❹ von 1907 an der Ecke Martini- und Tarpenbekstraße erinnert aber nicht gerade an Armut: eine vierstöckige Dreiflügelanlage mit makelloser Putzfassade und roten Fensterlaibungen. Die Stiftswohnungen sollten älteren oder verarmten Mitbürgern der Ober- oder Mittelschicht ein Leben in Würde ermöglichen. Sozial schwierigere Fälle fanden hinter dem Schutte-Stift Unterkunft, z.B. in der »Zufluchtstätte für obdachlose und sittlich gefährdete Frauen und Mädchen« von 1897. Heute ist hier das **Kulturhaus Eppendorf** ❺ beheimatet (www.kulturhaus-eppendorf.de).

Viele Wohnungen in den **Stiftsgebäuden** entlang der **Fricke- und Schedestraße** unterstehen der **Vaterstädtischen Stiftung** ❻, sie wurde 1839 von Juden gegründet, als diese Hamburgisches Bürgerrecht erhalten hatten. Über dem Haupteingang der Wohnanlagen prangen die Namen der Stifter.

Die **Tarpenbekstraße** säumen Mietshäuser im Gründerzeit- und Jugendstil. In **Nr. 66** wohnte der Kommunist **Ernst Thälmann** ❼, **Nr. 82** ist das Geburtshaus des Dichters **Wolfgang Borchert** ❽. Hier, am einstigen Grenzverlauf zwischen Preußen und Hamburg, liegen viele weitere Stiftungen. In das große Areal der auf Behinderten- und Altenpflege spezialisierten **Stiftung Anscharhöhe** ist der Rest vom 100-jährigen **Garten de l'Aigle ❾** integriert. Bekannt machten ihn die Bücher der Hamburger Lehrerin und Gartenfreundin Alma de l'Aigle. Das **Jenisch-Stift ❿** ist ein repräsentativer, fast schlossartiger Bau mit einem hübschen Fachwerk-Torwächterhaus.

Manche Stiftungsbauten mischen sich unter normale Mietshäuser, wie das Haus der **Tile Nigel & Johann Bockholt Stiftung ⓫** in der Nähe vom **Eppendorfer Mühlenteich ⓬**, wo Hamburgs Schwäne überwintern.

Auf dem **Alsterwanderweg** spaziert man durch den idyllischen **Hayns Park ⓭**. Jenseits der **Alster** gibt es im Norden des Stadtteils **Winterhude** jüngere Stiftungs- und Genossenschaftsbauten im Backsteinstil der Weimarer Zeit zu entdecken: Mit der **Siedlung des Vereins Kleinrentner-Speisung** war die soziale Idee verbunden, gemeinsam eine Kantine zu nutzen. Doch die Leute kochten lieber selbst – der große Speisesaal wandelte

Planetarium

sich zum **Magazin-Kino ⓮**. Kleinwohnungen stehen älteren Mitgliedern von Hamburgs Einzelhandelsverband zur Verfügung: Das **Parkheim der Detaillistenkammer ⓯** ist eine ausgedehnte Anlage dem Stadtpark gegenüber. Die Anwohner haben es nicht weit zum **Planetarium ⓰** im Art-déco-Wasserturm von 1924. Nicht versäumen darf man die Aussicht vom Turm und die spektakulären Shows (s. Nightlife, S. 146).

Touren im Anschluss: 17, 19

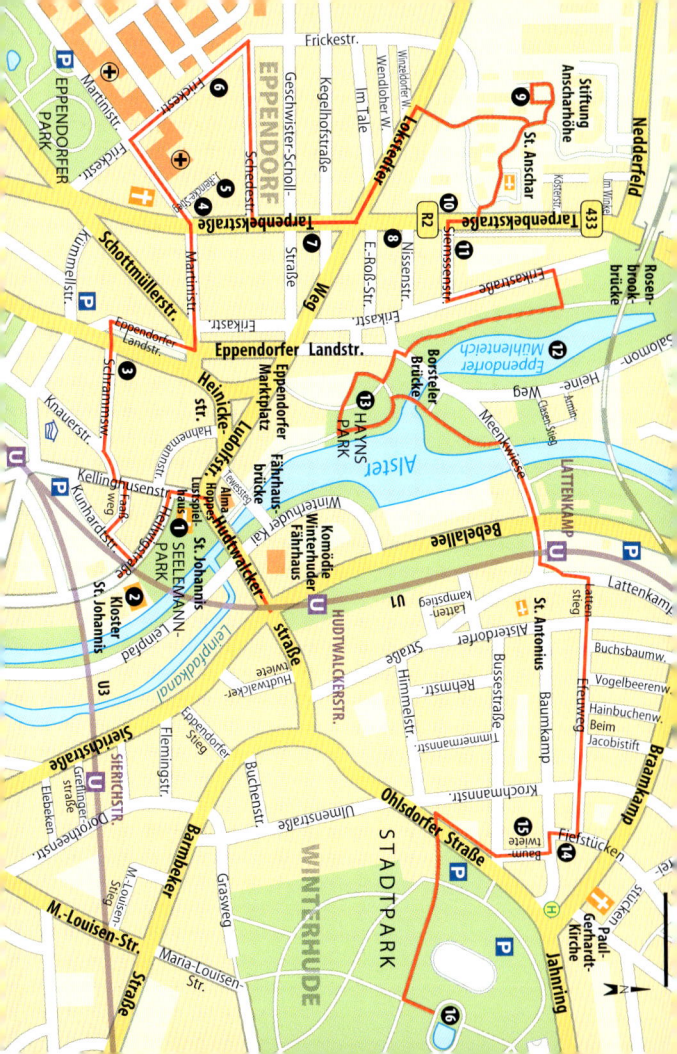

Der größte Parkfriedhof der Welt

mittel

Parkverwaltung → Museum → Naturpfad → Althamburgischer Gedächtnisfriedhof → Mahnmal der Verfolgten des Naziregimes → Neues Krematorium → Altes Krematorium

Der 1877 eröffnete Friedhof Ohlsdorf ist nicht nur für die Toten, sondern als Landschaftspark auch für die Lebenden konzipiert. Durch die 4 km² großen Parkanlagen mit ihrer reichen Natur, Flora und Fauna, ihrem Museum, Grabstätten und Monumenten kann man stundenlang streifen und vieles über Hamburgs (Kultur-)Geschichte erfahren. Der nahe Alsterwanderweg führt zum alten Krematorium.

Start:	Ⓢ/Ⓤ Ohlsdorf (Ⓢ1, 11/Ⓤ1)
Ziel:	Ⓢ/Ⓤ Ohlsdorf (Ⓢ1, 11/Ⓤ1)
Wann:	bei gutem Wetter tagsüber zu allen Jahreszeiten

Am Eingang hinter der neobarocken **Friedhofsverwaltung ❶** zeigt das **Museum ❷** (Mo, Do, So 10–14 Uhr, www.fof-ohlsdorf. de) im Außengelände, wie sehr ein Friedhof Spiegelbild des Lebens ist. Viele Grabsteine tragen Figuren oder Blumensymbole und – wen wundert's in einer Hafenstadt! – Segelschiffe- oder Anker-Abbildungen.

Gedenkstätte

Auf der anderen Straßenseite liegt zwischen Rhododendronbüschen die **Gedenkstätte der Revolutionsopfer 1918–20**. Von hier führt ein kurzer Weg zu einem Teich und zur schnurgeraden Cordesallee. Wo ein

Schild zum »Rosengarten« weist, quert eine zierliche Brücke die Teichanlage. Hier beginnt der **Naturpfad ❸**, gut sichtbare Pfeile auf Feldsteinen weisen den Weg. Tafeln am Wegesrand erläutern die Landschaft, Tiere und Pflanzen. Vorbei geht es am »Insektenhotel« und »Holzquiz« zum **Rosengarten**.

Eingang Rosengarten

Im Zentrum steht das Denkmal zu Ehren des ersten Friedhofsdirektors Wilhelm Cordes, er war maßgeblich am Entwurf und der Planung des Ohlsdorfer Friedhofs und vieler seiner Anlagen beteiligt. Auch die **Kapelle 4 ❹** geht auf seinen Entwurf zurück.

An der Cordesallee überquert man die breite Straße, steigt ein paar Treppenstufen hinauf und folgt dem Waldpfad nach links. Kurz vor dem großen Rasenrund sind es nur wenige Schritte zwischen Hecken zum **Grabstein von Gustav Gründgens ❺**, neben ihm ruht die Theaterprinzipalin **Ida Ehre**.

Auf dem anschließenden Abschnitt **Althamburgischer Gedächtnisfriedhof ❻** ehrt die Stadt Persönlichkeiten aus Kunst, Wissenschaft, Politik und Wirtschaftsleben. Schlichte Namenslisten und einzelne Gedenksteine am Hauptweg entlang erinnern an Größen wie den Maler **Philipp Otto Runge**, Oberbaudirektor **Fritz Schumacher** oder Kunsthallendirektor **Alfred Lichtwark**.

Von der **Christusstatue** aus weißem Marmor oberhalb des Gedächtnisfriedhofs führt ein Weg entlang der Böschung nach Süden und Osten vorbei an pompösen Grabmälern des Historismus und Jugendstils. Wo sich der stille Waldpfad wieder nordwärts wendet, steht rechts ein einfacher Granitfindling am Grab des erfolgreichen Direktors der Reederei HAPAG, **Albert Ballin ❼**.

Christusstatue

Westlich von **Kapelle 1** führt von der asphaltierten Kapellenstraße ein Weg zur **Nebenallee**. Wo er einmündet, verbirgt sich fast der Pfad rechts gegenüber zwischen Rhododendren, nur wenige Schritte und man steht am **Grabfeld ❽** der alteingesessenen Hamburger Familien **Laeisz, Hanssen, Canel und Meerwein**.

(Neues) Krematorium

Die Nebenallee endet 80 m westwärts am hohen **Mahnmal der Naziverfolgten ❾**. Das Denkmal aus 105 Urnen mit Asche und Erde aus deutschen Konzentrationslagern steht gegenüber Fritz Schumachers letztem öffentlichen Bau, dem **(Neuen) Krematorium** von 1931, ein strenger, dunkler Backsteintempel.

Als allzu modern empfanden viele im 19. Jh. die Feuerbestattung, daher baute man das erste Krematorium 1891 außerhalb des Friedhofs. Man erreicht es über den nahen **Alsterwanderweg**. Wer eine Pause einlegen will, strebt erst einmal zum Café und Bootsverleih am **Ratsmühlendamm ❿**. Danach wandert man von der **Fuhlsbüttler Schleuse ⓫** mit ihrer modernen **Fischtreppe** und **Bootsschleppe** alsterabwärts vorbei am **Frei- und Hallenbad Ohlsdorf ⓬**. Sobald der Uferpfad parallel zur **Rathenaustraße** verläuft, erscheint oben in grüner Umgebung zwischen Wohnhäusern ein halbrunder Schulbau: das **Alsterpalais ⓭**. Am besten sieht man es von der Rückseite an der Alsterdorfer Straße Nr. 523: Die Schule besteht im Kern aus dem denkmalgeschützten **alten Krematorium** mit minarettartigem Schornstein und orientalischem Kuppelbau.

Tour im Anschluss: 18

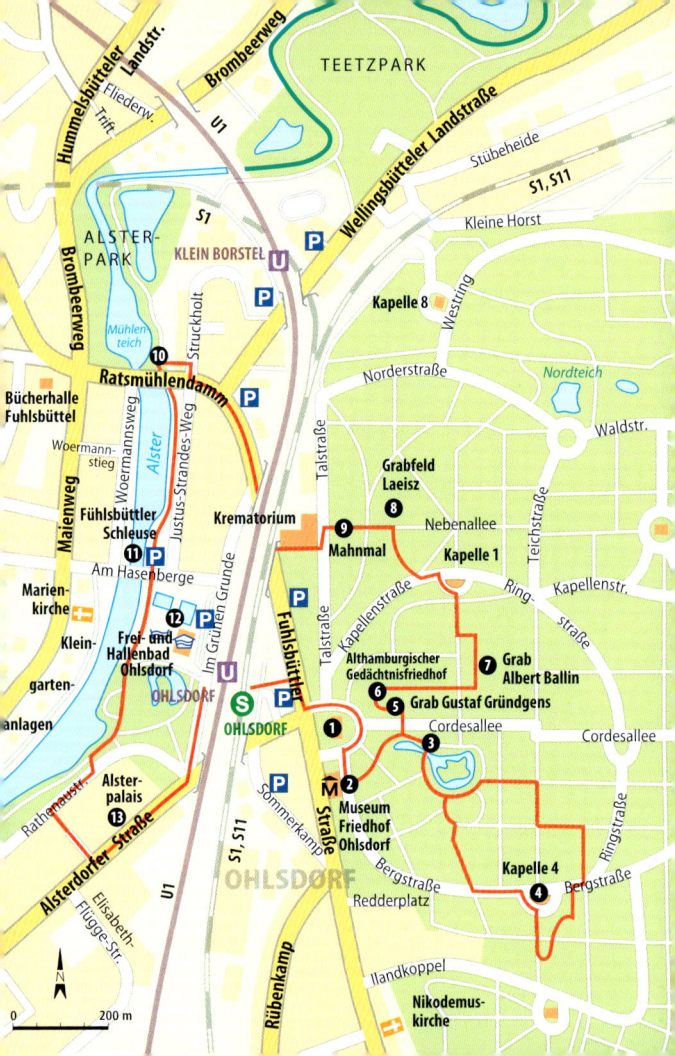

lang

Naturerlebnis im Wohldorfer Wald

U-Bahn-Station Ohlstedt → Senatorenweg → Ammersbek → Kupfermühle → Wohldorfer Hof → Herrenhaus → alte Ohlstedter Post → Waldhaus Ohlstedt

Sieben Jahrhunderte ist der grüne Stadtteil Wohldorf in Hamburger Besitz und führte lange ein Dasein als hansestädtische Exklave. Man wandert durch Hamburgs größten Laubwald und erfährt im Ammersbektal von früher Landwirtschaft und industrieller Ausbeutung bis hin zur heutigen ökologischen Nutzung.

Start: ① Ohlstedt (U 1)
Ziel: ① Ohlstedt (U 1)
Wann: an einem Tag mit Wanderwetter

Die **U-Bahn-Station Ohlstedt** ❶ ist ein Jugendstilbau von 1918. Die »Walddörfer« wie Wohldorf-Ohlstedt, Farmsen und Volksdorf gehörten teilweise schon im Mittelalter zu Hamburg, waren

Bahnhof Ohlstedt

aber bis 1937 Exklaven in preußischem Gebiet. Ab 1919 verband sie dann die Walddörferbahn via Barmbek mit der Hamburger Innenstadt. Eine ältere elektrische Bahn, die schon 1907 über Rahlstedt nach Wohldorf gefahren war, wurde eingestellt, sie hielt sich noch bis 1961 auf ihren letzten zwei Gleiskilometern durch den **Wohldorfer Wald** zwischen Ohlstedt und Wohldorf.

Der **Historisch-ökologische Erlebnispfad Wohldorf-Ohlstedt** beginnt am U-Bahnhof. Die Erklärungstafeln fordern zu verblüffenden Aktionen auf: Gleich am Waldrand kann man auf dem **Wackelpfad ❷** nachvollziehen, wie einem Eichhörnchen beim Sprung von Zweig zu Zweig zumute ist. Beim nächsten großen Wegkreuz trifft man auf eine **Weitsprunggrube ❸**: Hier vergleicht man seine Sprungleistung mit der von Waldmaus, Fuchs oder Wildschwein. Kleine »Forschungsstationen« wie Fühlfinder und Klanghölzer machen den **Senatorenweg** zu einem spielerischen Wissensparcours.

Wackelpfad

Der 364 ha große Wohldorfer Wald ist seit 1437 städtischer Forst; 135 ha im Osten stehen erst seit 1980 unter Naturschutz. Schon 1770 wurde er zum Erholungsgebiet für die Bürger bestimmt. Der abwechslungsreiche Spaziergang auf schattigem, leicht hügeligem Weg durch Eichen- und Buchengehölz, vorbei an Flüsschen mit Erlen und Weiden, war sehr beliebt. An der höchsten Stelle des Waldes lag ein **Eiskeller ❹**, seit 1923 steht nahebei ein Denkmal für die 26 im 1. Weltkrieg Gefallenen aus Wohldorf-Ohlstedt.

Am Nordende des Senatorenwegs überquert eine gewölbte **Holzbrücke** die **Ammersbek ❺**. Sie fließt in engen Schleifen rasch dahin. Flussaufwärts wurde sie ab 1622 für eine **Kupfermühle ❻** zum **Kupferteich** aufgestaut. Zunächst nutzte man die Wasserenergie zur Herstellung von Messingdraht, dann 140 Jahre lang zum Hämmern von Kupferplatten; die letzten sechs Jahrzehnte bis zur Schließung 1899 war hier eine Baumwollweberei. Die historischen Fachwerkbauten von **Mühlenhaus** und **Kupferhof** sowie der **Lange Jammer**, die Arbeiterunterkünfte, werden heute privat bewohnt. Auffällig sind an der Kreuzung Herrenhausallee/Brügkamp zehn **Landarbeiterhäuser ❼** von 1937.

Damals wollte man den anschließenden **Duvenstedter Brook** agrarisch neu erschließen – heute renaturiert man ihn wieder.

Wohldorfer Hof

Das uralte Hamburger Staatsgut, der **Wohldorfer Hof** ❽, bewirtschaftet jetzt als moderner **Biohof** 150 ha Land; die Produkte von den 70 Kühen kann man im **Hofladen** (7–20 Uhr) kaufen. Nebenan im **Vorwerk** befindet sich ein **Reitstall**. Geschützt auf einer Insel liegt das nun privat genutzte **Herrenhaus** ❾, jahrhundertelang war es Verwaltungssitz der Walddörfer und Senatoren-Ferienheim. Vorläufer dieses barocken Fachwerkbaus von 1712 besaßen sogar eine Zugbrücke; die frühere Burg zerstörten die Hamburger 1374.

Nochmals wird die Ammersbek gestaut zum **Mühlenteich** an einem Wehr mit moderner **Fischtreppe**. Das stilvolle Gasthaus **Die Mühle** ❿ (s. Restaurants, S. 134) hat einen guten Ruf weit über Wohldorfs Grenzen hinaus. Die autofreie Pflasterstraße **Mühlenredder** führt südwärts durch schattigen Mischwald. Auf den **Kleinbahn-Haltepunkt Tannenallee** ⓫ weist eine Informationstafel hin – heute muss man zu Fuß weitergehen. Kurz darauf passiert man die **alte Ohlstedter Post** ⓬, die 1981 ihre Pforten schloss und heute ein Wohnhaus ist. Hoch her ging es im klassizistischen **Waldhaus Ohlstedt** ⓭, als es noch eine bekannte Ausflugsgaststätte war – jetzt kann man hier bei Yoga-Kursen Ruhe finden.

Gasthaus »Die Mühle«

Tour im Anschluss: 19

Bergedorf – vom Schloss zum Universum

lang

Kirche St. Peter und Paul Bergedorf → Schloss Bergedorf → Rathaus → SkulpturenLandschaft → *Hamburger Sternwarte → Schorrhöhe

Bergedorf ist ein besonders eigenständiger Teil von Hamburg: Hier steht das einzige Schloss der Hansestadt, äußerst prächtig ist das Bergedorfer Rathaus, und der Astronomiepark der Hamburger Sternwarte auf dem Gojenberg sollte es sogar auf die UNESCO-Liste des Weltkulturerbes schaffen.

Start:	Ⓢ Bergedorf (S 2, 21)
Ziel:	An der Sternwarte (Bus 335)
Wann:	bei klarem Wetter; Führungen Sa, So, Schloss-museum Mo und Fr geschlossen

St. Petri und Pauli

Wo schon im 12. Jh. in **Bergedorf** ein Kirchlein stand, baute man im 16. Jh. die **Kirche St. Petri und Pauli ❶** (tagsüber offen, Führung April–Okt. Di 15 Uhr), fügte dem Fachwerkhaus im 17. Jh. Turm und Anbauten zu und später eine barocke Ausstattung. Das **Organistenhaus** von 1630 ist das Geburtshaus des Komponisten und Organistensohns Johann Adolf Hasse (1699–1783). Im Backsteinturm des **Hasse-Hauses** von 1836 befindet sich Bergedorfs **Touristeninformation** (Mo–Fr 10–16, Sa 10–17 Uhr, www.bergedorf.de).

Prunkstück im nahen Park ist das **Bergedorfer Schloss ❷**. Hamburg und Lübeck eroberten 1420 die Residenz des sachsen-lauenburgischen Herzogs und verwalteten darin Bergedorf und die Vierlande gemeinsam. Seit 1868 gehört das Gebiet Hamburg allein. Das Schloss ist seit 1955 **Museum für Bergedorf und die Vierlande** (April–Okt. Di–Do 11–17, Sa, So 11–18, sonst Di–Do 12–16, Sa, So 11–17 Uhr, www.bergedorfmuseum.de) und zeigt Bergedorf als ein spannendes Stück Hamburgs mit großer Eigenständigkeit.

Einige schöne **Fachwerkhäuser** in der **Fußgängerzone** (Alte Holstenstraße und Sachsentor) geben dieser Shoppingmeile gemütliches Flair. Ende des 19. und im Laufe des 20. Jh. wurde Bergedorf Industrievorort. Fabriken und Arbeiterquartiere konzentrierten sich südwestlich des Zentrums. Die Hänge der Geest im Osten füllten sich mit Villen reicher Hamburger. Ein solches Anwesen im **Villenviertel** war einst das heutige **Bergedorfer Rathaus ❸** (Bezirksamt seit 1938). Die im großbürgerlichen Stil Ende des 19. Jh. errichtete Villa des Kaufmanns Hermann Friedrich Messtorff erwarb die Stadt Bergedorf 1925. Beim Umbau zum Rathaus bewahrte man einige Räume wie den kostbaren **Spiegelsaal** oder das getäfelte **Herrenzimmer** – heute Sitz des Bezirksamtsleiters. Anbauten erfolgten im Art-déco-Stil, darunter der Ratssaal, der wohl schönste der Hamburger Bezirksämter. Fantastisch ist der Blick vom mehrstöckigen **Rathausturm** (Führung Tel. 040/4 28 91 20 93). Vom **Rathauspark** ostwärts ist der Grünzug am Flüsschen **Schulenbrooksbek** ein Spaziergang durch die Natur, seit 2004 bereichert ihn die **Skulpturen-Landschaft ❹** mit vielen modernen Werken.

Sachsentor

Das astronomische Observatorium zog 1912 vom Millerntor nach Bergedorf auf den **Gojenberg** um, wo auf freiem Feld ein »Astronomiestädtchen« mit Institut, Beamtenwohnungen, Werkstätten und Kuppelbauten für die Teleskope entstand. Hier arbeitet die ***Hamburger Sternwarte** ❺ noch heute, allerdings reichen für moderne Astrophysiker die alten Teleskope nicht mehr aus. Aber die Geräte bezeugen den Umbruch damaliger astronomischer Forschung zur Astrophysik im 20. Jh. Hamburg bemüht sich um die Aufnahme des **Astronomieparks** in die Liste des UNESCO-Kulturerbes.

Großer Refraktor

Eine Führung (Eingang: August-Bebel-Straße 196, Sa, So 10–18 Uhr, Sa 14, 16, So 12, 14, 16 Uhr, www.sternwarte-hh.de) durch den Park ist ein Erlebnis: Sie beginnt am **Besucherzentrum** ❻, beim **1-m-Spiegelteleskop** und dem **Café Zeit & Raum**. Man lernt u.a. das **Äquatorial** ❼ kennen, ein Teleskop, das Hamburger Astronomen schon im 19. Jh. benutzten und das bis heute funktioniert. Die Hamburg-Zeit wurde einst am **Meridiankreis** exakt gemessen. Der **Große Refraktor** ❽ ist einer der größten Deutschlands. Auf dem Weg durch das Gelände gibt ein **Planetenweg** Vorstellung von den Größenverhältnissen in unserem Sonnensystem. Wer sich weniger für Himmelskunde interessiert, staunt im **Hauptgebäude** ❾ über die prächtige **Bibliothek**. Südlich des Geländes hat man vom Fußweg **Schorrhöhe** ❿ (über Institutseingang Gojenbergsweg, offen Mo–Fr, meist auch Sa, So) tolle Aussicht auf die **Vierlande**.

Tour im Anschluss: 22

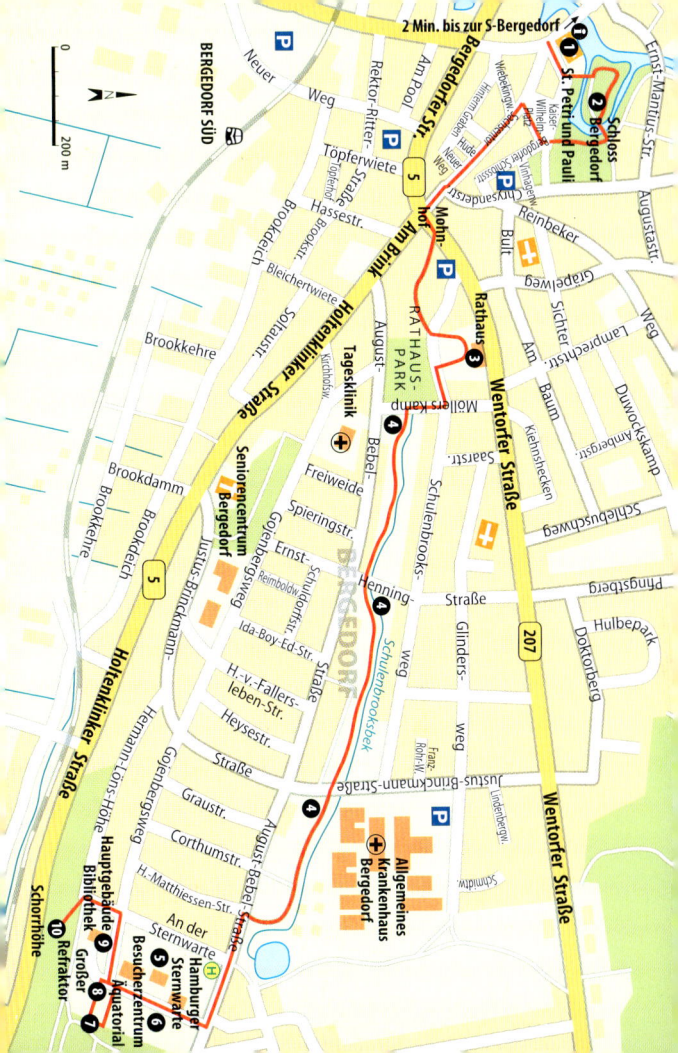

Rothenburgsort – Hamburg und sein Wasser

mittel

Denkmal Hamburger Feuersturm in Rothenburgsort →
Wasserforum → Trauns Park → Sperrwerk Billwerder
Bucht → Wasserkunst Elbinsel Kaltehofe

Wie spannend die Wasserversorgung einer Großstadt wie
Hamburg sein kann, zeigt das Museum Wasserforum. Auf der
Elbinsel Kaltehofe öffnete 2011 die Wasserkunst Kaltehofe auf
dem Gelände des ehemaligen Wasserwerks ihre Pforten. Je nach
Neigung genießt man in diesem Naturparadies einen Rundgang
durch einen weniger bekannten Teil der Kulturgeschichte
Hamburgs oder die einzigartige Vogel- und Pflanzenwelt.

Start:	Ⓢ Rothenburgsort (S 2, 21)
Ziel:	Ⓢ Rothenburgsort (S 2, 21)
Wann:	zu allen Jahreszeiten, auch wegen der wechselnden Vogelwelt auf Kaltehofe

Denkmal Hamburger Feuersturm

Rothenburgsort zeigt sich anfangs spröde,
birgt aber Perlen. Nur zwei S-Bahn-Statio-
nen vom Hauptbahnhof entfernt, erscheint
die Gegend mit ihren Industrieanlagen,
Kleingärten und Kanälen zwischen Bille und
Elbe nicht gerade attraktiv. Man wähnt sich
weit weg von der Millionenstadt. Das **Denkmal Hamburger Feuersturm in Rothenburgsort ❶** an der Straße **Billhorner Deich**
schockiert: Bomben vernichteten im Juli

1943 diesen Arbeiter- und Industriestadtteil. Der Künstler Volker Lang schuf 2003 ein beeindruckendes Mahnmal: ein Gebäude in Form eines Terrassenhauses – das typische Arbeiter-Mietshaus. Die weißen Innenwände sind übersät mit Notizen, mit denen Überlebende den Feuersturm beschrieben.

Weithin sichtbar ist seit 1848 der **Wasserturm** in Rothenburgsort als Wahrzeichen des Stadtteils. Das zentrale Wasserwerk entstand um die Mitte des 19. Jh. Die Wasserversorgung wird auch heute noch von hier aus gesteuert. Auf dem ausgedehnten Betriebsgelände von **Hamburg Wasser** vermittelt das Museum **Wasserforum ❷** (Di, Do, So 10–16 Uhr) einen spannenden Einblick in die einstige und heutige Wasserbeschaffung und -entsorgung. Mit Kopfschütteln erfährt man, wie im 19. Jh. die Knausrigkeit der Ratsherren zu mehrfachen Choleraausbrüchen führte, weil

Wasserforum

sie fast ungefiltertes Elbwasser als Trinkwasser in die Stadt leiten ließen. Hätte man doch auf den Engländer William Lindley gehört, der damals Hamburgs Wasserbau modernisierte! Erst nach der Epidemie von 1892 mit über 8000 Todesopfern wurden effektive Filtrationsanlagen eingesetzt. Weitere Abteilungen veranschaulichen die Technik des Wasserbaus und Ökologie der Wassergewinnung sowie die Abwasser-Behandlung.

Den 64 m hohen Wasserturm des damaligen Stararchitekten Alexis de Chateauneuf passiert man auf dem Weg zum **Trauns Park ❸**. Der Rest des Landsitzes von Heinrich Traun, Hamburger Senator 1901–08, dient heute vor allem als Spielwiese. Das **Sperrwerk Billwerder Bucht ❹** von 2002 kann mit seinen vier 13 m breiten Toren bei Überflutungsgefahr den früheren Norderelbe-Arm **Billwerder Bucht** von der **Norderelbe** abriegeln. Vom Sperrwerk blickt man westwärts auf die **Elbbrücken**, ostwärts auf das moderne **Heizkraftwerk Tiefstack ❺** jenseits der Bucht.

Heizkraftwerk Tiefstack

Nach 1892 legte die Stadt auf der Elbinsel **Kaltehofe** 22 Filterbecken an, die von 1893 bis 1964 gereinigtes Elbwasser an Hamburgs Haushalte lieferten. In einer Jugendstil-Villa von 1894 kontrollierte das Hygienische Institut bis 1990 das Trinkwasser. 2011 öffnete hier die **Wasserkunst Elbinsel Kaltehofe ❻** (tgl. 10–18 Uhr, Nov.–Febr. nur Di–So) ihre Pforten. Entstanden ist ein Ensemble aus Industriedenkmal, Museum und Naturlehrpfad. Gezeigt wird u.a. das mühsame Verfahren der Wasserfiltration. Ein Neubau präsentiert 200 Jahre »Kunst am Wasser«, und durch das **Außengelände** führt ein Lehrpfad zu einigen der Filterbecken mit ihren dekorativen Schieber-

Wasserkunst Kaltehofe

häuschen. Die aufgelassenen Becken blieben jahrzehntelang sich selbst überlassen und entwickelten sich so zu bemerkenswerten Biotopen.

Die nahezu autofreie Insel ist ein Naturparadies. Zugvögel rasten in der Billwerder Bucht und dem angrenzenden Süßwasserwatt, auf Kaltehofe brüten über 40 Vogelarten. Aussichtsposten sind der 8 m hohe **Hauptdeich ❼** entlang der Elbe, noch besser der **Hinterdeich ❽** an der Bucht. Angler sind oft nahe dem Sperrwerk erfolgreich.

Touren im Anschluss: 21, 23

mittel

Veddel – neue Räume für die Stadt

Feuerwache Veddel → Müggenburger Zollhafen → IBA Dock
→ Infozentrum Energieberg → Horizontweg → Auswanderermuseum BallinStadt

Die Veddel besitzt vorbildliche Genossenschafts-Wohnblocks
der 1920er-Jahre, neuerdings glänzt der Stadtteil mit dem IBA Dock
und zukunftsweisenden Wohnmodellen sowie mit dem Auswanderermuseum BallinStadt. Der nahe Energieberg bietet vom
Horizontweg einen fantastischen 360-Grad-Rundblick.

Start:	Ⓢ Veddel Nordzugang (S 3, 31)
Ziel:	Ⓢ Veddel Südzugang (S 3, 31)
Wann:	bei guter Sicht – für den Rundblick vom Energieberg

Das Wohngebiet der **Veddel** südlich der Norderelbbrücken wird
von den vielen Bahngleisen im Westen und von der Autobahn
255 im Osten regelrecht eingezwängt. Gemeinnützige Woh-
nungsbaugenossenschaften errichteten hier beispielhafte Sied-
lungen mit Kleinwohnungen im Backstein-
stil, den der damalige Oberbaudirektor Fritz
Schumacher bevorzugte. Auch die Veddeler
Feuerwache ❶ in der Straße **Am Zollhafen**
trägt noch diese Handschrift sowie die be-
nachbarte ehemalige **Polizeikaserne**, deren
Räume neuerdings in Wohnungen verwandelt wurden. Von der hohen **Deichpromena-
de** am **Müggenburger Zollhafen ❷** schaut

Suhuhmacher-Bauten

man nordwärts auf die Feuerwehr hinunter. Erst nach der großen Sturmflut von 1962, die hier auf der Veddel viele Opfer gefordert hatte, wurde der Deich so stark erhöht, dass die Veddeler sich nun vor Überflutungen geschützt fühlen können. Die Bänke auf der Deich-Promenade laden zum Zuschauen ein, wie sich mit Ebbe und Flut der Wasserstand täglich zweimal senkt und hebt, der normale Tidenhub beträgt über drei Meter.

Die Wasserbewegungen machen der **Anleger der Maritimen Circle Line** am gegenüberliegenden Südufer und das gesamte **IBA Dock ❸** (Di–So 10–18 Uhr) auf der Nordseite mit, da sie auf Pontons gelagert sind.

IBA Dock

Das bunte, aus Containern zusammengesetzte »Dock«, ist im strengen Sinne aber gar keines, sondern ein schwimmendes Ausstellungs- und Bürogebäude für die **Internationale Bauausstellung 2013 (IBA)**. Teils auf gemeinsamem Gebiet mit der Internationalen Gartenschau 2013 (igs) zeigt das Hamburger Großprojekt wegweisende Modelle für das Wohnen in der Zukunft. Gerade im urbanen Patchwork der Elbinsel, citynah zwar, aber durchschnitten von Verkehrsschneisen, sieht die IBA städtebauliches Potenzial für neue attraktive Räume in der Metropole, sogenannte Metrozonen. Mit insgesamt 60 Projekten führt die IBA den Nachweis, wie innere Stadtränder zu lebenswerten Quartieren werden können. Begleitet wird die IBA von spannenden Veranstaltungen (Programm: www.iba-hamburg.de) und Präsentationen, viele davon im IBA Dock. Auch heiße Eisen werden angefasst wie etwa die **Mülldeponie Georgswerder**, ein Müllberg südlich der Veddel, der nach dem Zweiten Weltkrieg mit Trümmerschutt und hochgiftigen Industrieabfällen in der Elbniederung aufgetürmt wurde. Aus dem

Energieberg

40 m hohen Schandfleck zauberten Landschaftsarchitekten ein Ausflugsziel: das **Infozentrum Energieberg ❹** (Di–So 10 bis 18 Uhr); es gibt Führungen auf den Hügel mit seinen Wildkräutern, Solarfeldern und Windrädern. Der neue **Horizontweg ❺** erlaubt einen 360-Grad-Rundblick über den Hafen, die Stadt, Industrieanlagen und die Harburger Berge.

Seit ein paar Jahren zieht das einzigartige **Auswanderermuseum BallinStadt ❻** (April–Okt. 10–18, sonst 10–16.30 Uhr) zahlreiche Besucher auf die Veddel. Von den **Auswandererhallen** im Hamburger Hafen emigrierten zwischen 1850 und 1938 fünf Millionen Menschen nach Amerika. Die Stadt verdiente prächtig an dieser Art von Überseepassagen, insbesonders die Reederei HAPAG. Ihr Generaldirektor Albert Ballin investierte um 1900, kurz vor dem Höhepunkt der Emigrationswelle, in eine komplette Auswandererstadt auf der Veddel, sogar mit Synagoge und Kirche. Nach dem Ersten Weltkrieg ebbte die Emigration ab, nach dem Zweiten waren von den über 30 Gebäuden nur noch wenige Spuren übrig. In dem lebendig gestalteten Museum mit bewegenden Ton- und Bilddokumenten kann man sich sehr plastisch in die Stimmungslage der damaligen Emigranten versetzen. An Internet-Terminals kann man einst ausgewanderte Familienmitglieder aufspüren.

BallinStadt

Touren im Anschluss: 22, 24

lang

Wilhelmsburg – Gartenschau und Städtebau

Behörde für Stadtentwicklung und Umwelt → Inselpark → Wasserwerk → Alter Friedhof Wilhelmsburg → Weltquartier → Energiebunker

Deutschlands größte Flussinsel Wilhelmsburg hat ein neues Gesicht bekommen, dank der Gartenschau igs und der Bauausstellung IBA 2013: Gärten, Parks, ein Netzwerk von Kanälen und viele zukunftsweisende Bauprojekte werten das Arbeiter- und Industrieviertel auf.

Start:	**Ⓢ** Wilhelmsburg (S 3, 31)
Ziel:	Neuhöfer Straße Ost (Bus 34) oder Veringstraße Mitte (Bus 13)
Wann:	tagsüber jederzeit, die Freizeitangebote des Inselparks am besten im Sommer

Wilhelmsburg ist nur drei S-Bahnstationen von der Hamburger Innenstadt entfernt, im Norden und Westen der riesigen Elbinsel brummt der Hamburger Hafen, im Südosten grasen Kühe, dort liegen einzigartige Naturschutzgebiete. Wilhelmsburg war lange ein ziemlich vernachlässigter Wohn- und Industriestadtteil mit einem sehr hohen Ausländeranteil. Seit jedoch feststeht,

BSU Wilhelmsburg

dass hier 2013 der Schwerpunkt der Internationalen Bauausstellung **IBA** (s. Tour 23, S. 96) und der Gartenschau **igs** (www.igs-hamburg.de) liegen wird, hat sich viel getan. Mit seinen buntfarbenen Querstreifen fällt der dynamisch geschwungene Neubau der **Behörde für Stadtentwicklung und Umwelt ❶** (BSU) auf in Wilhelmsburg. Im Foyer steht ein großes Modell der Hamburger City. Gegenüber dem BSU-Gebäude sind bahnbrechende Architektur- und Wohnmodelle für die Zukunft entstanden wie **Am Inselpark ❷**. Bauten wie das **igs-Zentrum** (Nr. 1) und IBA-Projekte wie die **Hybrid Houses** (Nr. 6) vermitteln, wie der Energieverbrauch durch innovative Anlagen enorm gedrosselt werden kann, sie zeigen auch praktikable Modelle für die Mehrzwecknutzungen von Häusern. Das **BIQ** (Nr. 17) ist auf der Südseite von einer Gebäudehülle (Bioreaktorfassade) umfasst, in der Mikroalgen wachsen, diese werden automatisch geerntet und in der hauseigenen Biogasanlage in Energie umgewandelt. Wie eine Holzskulptur wirkt das **Wälderhaus** (Nr. 19), in ihm sind ein Bio-Hotel, Restaurant und eine Ausstellung rund um das Thema Holz untergebracht; eine »Wunderkammer« oder Mikroskopiestationen führen in die Geheimnisse von Wäldern ein.

Wälderhaus

Neben dem Wälderhaus liegt der **Haupteingang zur Internationalen Gartenschau** igs (26. April–13. Okt. 2013). Ein Wege- und Kanalnetz sowie ein 3,4 km langer **Monorail-Rundkurs** erschließen das Gelände. Nach der Schau ist es frei zugänglich, die Bahn wird abgebaut.

Im igs-Bereich liegen in einem Regenrückhaltebecken weitere Zukunfts-Wohnmodelle, die **Waterhouses** (Am Inselpark ab Nr. 2), sie zeigen, wie auch ein See als »Baugrund« dienen kann. Östlich davon ist die moderne **Kletterhalle ❸** (www.nordwand

Kletterhalle

halle.de) beliebtes Ziel für Alpinsportler. Sie ist Teil des **Sportparks**, der später an der Stelle der igs-Blumenschauhalle und in deren Umgebung entstehen wird, mit Basketballfeld und einer Skateranlage, die Jugendliche aus dem Stadtteil selbst entwickeln und bauen.

Rest. Wasserwerk

Ein Schmuckstück von 1911 ist das alte **Wasserwerk ❹**, das 2012 in das Restaurant **Wasserwerk Wilhelmsburg** (s. Restaurants, S. 137) verwandelt wurde; die frühere Maschinenhalle mit ihren 4 m hohen, schmalen Fenstern dient nun als lichtdurchfluteter Gastraum. Ab 2014 wird hier auch noch die **Wasserbar** ein idealer Stopp sein – für durstige Wassersportler auf dem **Kanurundkurs**. Wer nicht paddeln möchte, kann dem Kanal **Rathauswettern** zu Fuß folgen und gelangt so auf den **Alten Friedhof Wilhelmsburg ❺** mit seiner Kapelle von 1895. Im Zuge der igs entstanden hier um einen zentralen Brunnen herum fünf Gärten für die fünf Weltregionen. In der Nähe liegt der Westeingang des igs-Parks.

Ein Vorzeigeprojekt der IBA ist das **Weltquartier ❻**: Planer und 1700 Bewohner aus 30 Nationen modernisierten die alte Arbeitersiedlung an der Weimarer Straße. Ein Pavillon ist ihr lokaler Treffpunkt. Ein riesiger Flakbunker aus dem 2. Weltkrieg wurde dank der IBA zum **Energiebunker ❼**. Die Solarfelder außen und diverse weitere Energiespender liefern Wärme für den Wassertank im Inneren; 3000 Wohnungen lassen sich damit beheizen. Vom **Café** in 30 m Höhe schaut man fasziniert bis in die Hamburger City.

Touren im Anschluss: 23, 25

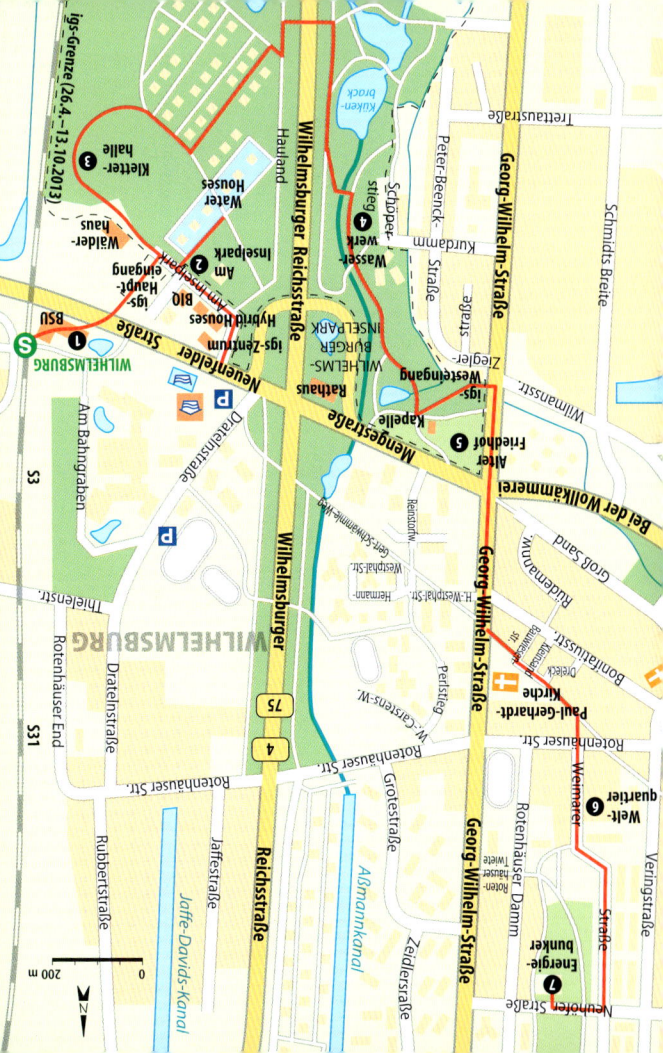

mittel

Neu und Alt zwischen Harburger Rathaus und Schloss

Harburger Rathaus → Helms-Museum → Lämmertwiete → Harburger Schloss → Veritas Beach Club → Channel Tower

Zeitreise in die alte Stadt Harburg: Im Helms-Museum wird die Welt der frühen Besiedler Norddeutschlands lebendig. Rund um Harburgs Schlossinsel des 17. Jh. blüht eine neue Architekturlandschaft auf, Industriebauten der letzten 150 Jahre werden modernisiert und neuen Nutzungen zugeführt.

Start: Ⓢ Harburg Rathaus (S 3, 31)

Ziel: Ⓢ Harburg Rathaus (S 3, 31)

Wann: jederzeit rund ums Jahr; schön an warmen Tagen und Abenden in der Lämmertwiete und am Wasser

Das **Harburger Rathaus** ❶ von 1889 im Stil der flämischen Renaissance erinnert daran, dass die Stadt früher unabhängig war und erst 1937 Hamburg eingemeindet wurde. Im Rathausfoyer zeigt ein Bronzemodell die Stadt und ihre Schlossfestung im 17. Jh. Im Archäologischen Museum, dem **Helms-Museum** (Harburger Rathausplatz 5, Di–So 10 bis 17 Uhr), wird die Vorgeschichte der Stadt zum Erlebnis. Anschaulich geleiten die einzelnen Ausstellungsbereiche den Besucher bis in 25 000 Jahre Vergangenheit im Raum Hamburg. Das **Haupthaus des Museums** (Museumsplatz 2) zeigt Sonderausstellungen und

Helms-Museum

ab 2013 Harburgs Stadtgeschichte. Kriegszerstörung und nachfolgender Städtebau haben Harburgs historische Gestalt fast bis zur Unkenntlichkeit ausgelöscht.

Eine kleine Ahnung von der Altstadt mit ihren Häusern ab dem 16. Jh. vermittelt die lauschige Gasse **Lämmertwiete** ❷ mit ihren gemütlichen kleinen Restaurants und Kneipen, bei denen man im Sommer draußen sitzen kann.

Lämmertwiete

Die frühere Verbindung zwischen Stadt und Schloss Harburg zerschneiden B 73 und Bahntrasse. Nördlich der Unterführung stößt man auf das **Electrum** (H. Schloßstraße 1, So 10–17 Uhr); dort kann man an manchen Geräten selbst elektrische Versuche durchführen, gut 1000 Exponate führen die Besucher in die Welt der Elektrizität ein.

An der **Harburger Schloßstraße** prallen Alt und Neu aufeinander: Auf der Westseite erinnern Fachwerkhäuser aus dem 18. Jh. an die Zeit der Postkutschen, wie das historische **Gasthaus Goldener Engel** (Nr. 7, ○○). Gegenüber stehen hochmoderne Gebäude der **Technischen Universität Harburg** und von zahlreichen Hightechfirmen.

Schloßstraße

Dazwischen erhebt sich der bestens restaurierte alte Backsteinspeicher mit einem futuristischen Erlebnisrestaurant: Im **Schwerelos & Zeitlos** ❸ (Nr. 22, s. Restaurants, S. 136) geben die Gäste ihre Bestellung per Touchscreen auf, Minuten später sausen Getränke und Speisen auf Schienen aus fünf Metern Höhe unfallfrei auf die Tische. Draußen spiegelt sich die neue und alte Architektur des aufgelassenen Hafen- und Industriegebiets im **Westlichen Bahnhofskanal**.

Am westlich der Harburger Schloßstraße gelegenen **Kauf-hauskanal** werden ab 2014 vorbildliche Wohnungen stehen.

Am **Kanalplatz** ❹ schaut man auf das maritime Flair von **Lot-sekanal** und **Harburger Binnenhafen** ❺. Hamburgs einziger Dockhafen ist ein beliebter Liegeplatz für kleinere Schiffe – eine Schleuse schützt ihn vor Ebbe und Flut.

Jenseits der **Lotsebrücke** braucht man Fantasie, um auf der **Schlossinsel** die alte Zitadelle zu erkennen, die hier im Dreißig-jährigen Krieg das **Harburger Schloss** ❻ schützte. Von ihm blieb nur ein Flügel – heute ein schlichtes Wohnhaus. Zukünftige Bau-ten auf der Insel sollen das Fünfeck der Zitadelle wieder sichtbar machen. Als Kontrast zu den neuen Wohnblocks bleiben eine alte Werft und die **Kaffeerösterei Fehling** ❼ stehen.

Vom **Veritaskai** kann man gut den Binnenschiffen und Frei-zeitbooten im Hafen zuschauen bzw. vom sanierten **Kaispeicher** oder den Liegestühlen im **Veritas Beach Club** ❽ Schön sitzt man hier auch im Restaurant **Momento di...** (Nr. 3), die Speisekarte

Channel Tower

ist italienisch, hat aber leichte sri-lankische Einfärbungen.

Entlang dem **Schellerdamm** finden sich weitere Architektur-Perlen: Getreide lagerte früher im **Fleethaus** (Nr. 2) – hinter der denkmalgeschützten Fassade sind heute Büros. Das **Silo** (Nr. 16) hat jetzt Fenster in den Türmen und ein Bürokomplex sitzt oben drauf. Der 75 m hohe **Channel Tower** ❾ aus Backstein und Spiegelglas überragt alles. Er ist Harburgs neue Landmarke.

Tour im Anschluss: 24

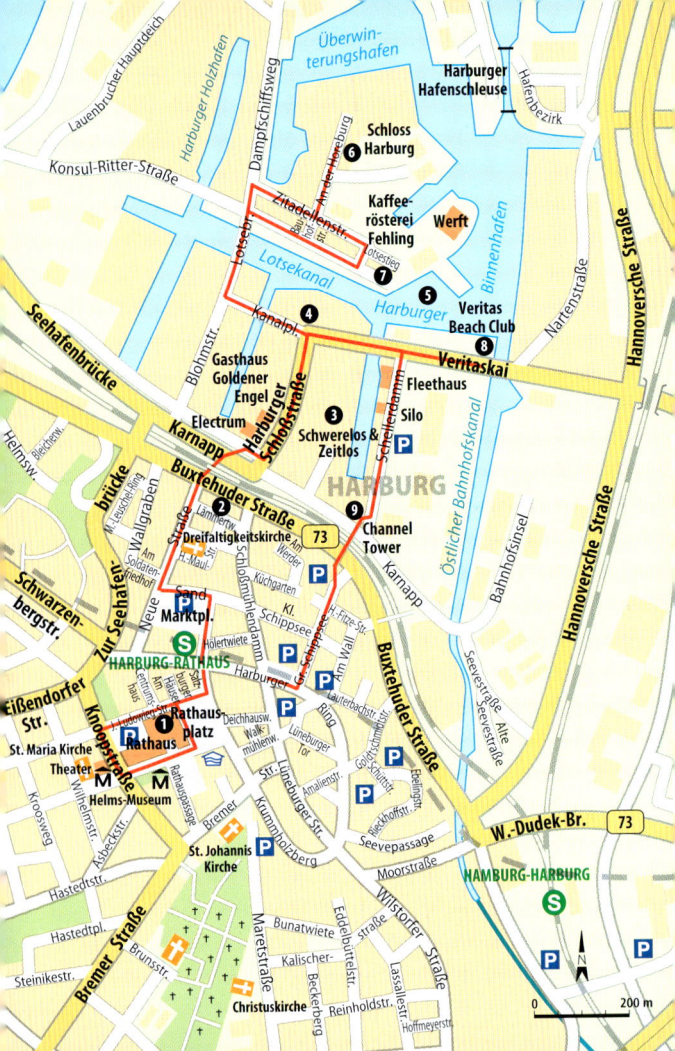

mittel

Heidschnucken, Hünengräber und Höhenflüge

Natur-Informationshaus Alter Schafstall → Fischbektal
→ **Europäischer Fernwanderweg E 1** → **Krattwald** →
Archäologischer Wanderpfad

Das Naturschutzgebiet Fischbeker Heide hat alles, was zu einer echten Heidelandschaft gehört: den rosaroten Teppich des Heidekrauts, Schafe, malerische Wege durch Wacholder und Birken; erstaunt stellt man fest: Dies ist eine uralte Kulturlandschaft!

Start:	Ⓢ Neugraben (S 3, 31)/ Fischbeker Heideweg (Bus 250)
Ziel:	Fischbeker Heideweg (Bus 250)/ Ⓢ Neugraben (S 3, 31)
Wann:	ganzjährig, bei guter Sicht; nachts im Mai–Juni, um dem Gesang der Ziegenmelker zu lauschen

Im reetgedeckten **Naturschutz-Informationshaus Alter Schafstall** ❶ (April–Okt. Di–Fr 10–13, Sa 10–17, So 11–17, sonst Mi, Fr 10–13, So 12–16 Uhr) im Westen der **Harburger Berge** erfährt man, dass die **Fischbeker Heide** ohne Schafe keinen Bestand hätte. Sie ist nämlich keine Natur- sondern eine **Kulturlandschaft**. Ursprünglich wuchs hier Mischwald, aber schon vor über 3000 Jahren, in der Bronzezeit, holzten die hiesigen Bewohner ihn so stark ab, dass sich auf dem Ödland Heide ausbreitete. Aus der Not machten die Bauern eine Tugend:

Alter Schafstall

Heidewirtschaft war eine hochspezialisierte Kultur mit Wolle-, Honig- und Wachsproduktion. Die wolligen **Heidschnucken** »naschen« (schnucken) an der Heide, so wächst sie nicht zum Busch aus. Baumschösslinge fressen sie auch – im Schatten von Bäumen ginge die Heide zugrunde. Die heutigen Hüter der Fischbeker Heide »wohnen« im **Neuen Schafstall** neben dem Infohaus.

Die Harburger Berge sind kein echtes Gebirge: Die vorletzte Eiszeit schuf hier eine Hochfläche, in die sich Flüsse einschnitten. Doch im **Fischbektal ❷** ist kein Bach zu erkennen! Die Talsenke entstand während der letzten Eiszeit. Zwar reichte die Vergletscherung damals nur bis zum Nordosten des heutigen Hamburger Gebiets, aber der Boden war in weitem Umkreis und bis in großer Tiefe gefroren. Alles Wasser lief oberflächlich ab und formte diese tiefe Rinne, das heutige **Trockental**.

NSG Fischbeker Heide

Bildschön liegt die **Heidelandschaft** in dieser sandigen Senke, mit Glück trifft man hier Schafherde, Schäfer und Hütehund. Nadel- und Mischwälder umrahmen die Talflanken. Am Westhang sind einige Bäume mit weißen Andreaskreuzen markiert: der **Europäische Fernwanderweg E 1 ❸**. Er beginnt in Mittelschweden, endet im nördlichen Italien und soll irgendwann einmal vom Nordkap nach Sizilien reichen – 4900 km lang; Hamburg liegt in der Mitte. Beim **Aussichtspunkt am Segelflugplatz ❹** schaut man oft Seglern am Himmel zu.

Heidschnucken

Von den Birken in der Heide des Fischbektals führen **Baum-pieper** im Frühjahr ihren Balzflug vor. Nach Sonnenuntergang erklingt der sonore Gesang der **Ziegenmelker**, den die Nacht-schwalben im Mai und Juni anstimmen. Talaufwärts wandert man durch Kiefern- und Mischwald. Das östliche Plateau ober-halb des kleinen **Kuhteichs** ist von Eichen, Buchen und Birken bewachsen, sie sind Restbestände eines **Krattwalds ❺**.

Archäologischer Wanderpfad

An einer Lichtung steht die **Tafel 1 des Archäologischen Wanderpfads ❻**: Die Ge-gend zeigt Siedlungsspuren seit der Jünge-ren Steinzeit. Seit der Bronzezeit 1800 v. Chr. war sie ständig besiedelt. Die **Stationen 2 bis 5 des Lehrpfads ❼** benennen unter an-derem die ungelösten Rätsel der Archäo-logen: Oft wurden Grabhügel von Schatz-suchern des 19. Jh. zerwühlt oder von Anwohnern geplündert, die die Steine der Hünengräber gut gebrauchen konnten.

Die bis 6 m tiefe längliche Grube im Osten der Wiese ist eine **Mergelkuhle ❽**: Das kalkhaltige, lehmige Material verwende-ten Bauern bis ins 20. Jh. u.a. zur Aufbesserung ihres »ausge-mergelten« Bodens.

Am **Gräberfeld ❾** im Wald bekommt man vier Grabstätten, z.T. dank Rekonstruktionen, »vorgeführt«: Hügel mit Feldstein-kreisen und -pflastern aus Stein- und Bronzezeit, auch ein nach-gebauter Baumstammsarg. Vom **bronzezeitlichen Lang-hügel ❿** wissen die Archäologen: Körpergräber und Ascheurnen zeigen hier den Wandel der Bestattungskultur im Laufe der Bronzezeit an.

Tour im Anschluss: 27

zur S3-Station Neugraben

Bus 250

Heidekrug
Heidebrick

Fischbektal, Trockental ②

Europäischer Fernwanderweg E1 ③

Aussichtspunkt am Segelflugplatz ④

Fischbektal

Natur-Informationshaus Alter Schafstall

P ①

Freiluftschule

Fischbektal

P

Waldschlucht

Quellgrund

Bronzezeitlicher Langhügel ⑩

Wettloop

Heideweg

P

Bei den Heidehütten

Kuhteich

Krattwald ⑤

Jungfernheide

Stadtweg ⑨

Gräberfeld der Stein- und Bronzezeit

Beginn Archäologischer Wanderpfad ⑥

Stadtweg

Mergelgrube ⑧

Fischbeker Heideweg

Gräber der Stein- und Bronzezeit ⑦

Tempelberg

Siedlung Tempelberg

N

0   200 m

Abenteuer rund um den Kiekeberg

Freilichtmuseum Kiekeberg → Hochseilgarten → Hofladen → Wildpark Schwarze Berge → Elbblickturm

lang

Brot backen im Lehmofen, am Simulator eine Erntemaschine steuern: das und viel mehr reizt im Freilichtmuseum Kiekeberg. Nebenan hangelt man sich wie Tarzan durch die Wipfel. Wölfe und Bären, aber auch Streicheltiere warten im Wildpark Schwarze Berge; fantastisch ist die Sicht vom Elbblickturm.

Start:	Ⓢ Neuwiedenthal (S 3, 31)/ Museum Kiekeberg (Bus 340)
Ziel:	Museum Kiekeberg (Bus 340)/ Ⓢ Neuwiedenthal (S 3, 31)
Wann:	tagsüber das ganze Jahr

Freilichtmuseum Kiekeberg

Ein »Parkplatz mit Biozertifikat« ist die **Streuobstwiese** im **Landwirtschaftlichen Entdeckergarten** ❶. Infotafeln geben Einblick in die Landwirtschaft gestern und heute. Das **Freilichtmuseum Kiekeberg** ❷ gegenüber ist Publikumsmagnet, nicht nur an den Aktionstagen mit Pflanzenmarkt, Schlachtfest, Traktortreffen und dem originellen Weihnachtsmarkt. Als sich im 20. Jh. die bäuerliche Kultur im Landkreis Harburg südlich der Elbe rapide änderte, sammelte man Musterbauten des 17. bis 19. Jh. aus der Heideregion und den Elbmarschen. Die bäuerliche Idylle mit Ziehbrunnen und über 30 Hofgebäuden beleben Hühner und andere Hoftiere. Gäste können Brot im Lehmofen backen, Ziegel herstellen, sogar lernen, wie man Schnaps brennt. Die Ausstellung **Landleben der 1950er-Jahre** zeigt den Mix aus damaliger Moderne und Tradition in einem Aussiedlerhof.

Auf drei Geschossen präsentiert das 2012 eröffnete **Agrarium ❸** seine Hauptthemen Energie, Ernährungs- und Agrarwirtschaft. Beeindruckend ist die Kollektion von Landmaschinen seit dem Dampfzeitalter; Technikbegeisterte spielen im Führerhaus einer Mega-Erntemaschine modernes Einfahren der Feldfrucht auf dem Simulator durch. Spannende Lebensmittelkunde: Wie kriegen die Pommes ihre Stäbchenform? Wie geht es im Schlachthof zu? Wie viel Zucker steckt in Ketchup oder Gummibärchen? Diese Wissensshow für alle Sinne und für Jung und Alt kann schon Stunden ausfüllen. Im Sommer ruft der vielseitige **Wassererlebnispfad ❹** im Freigelände alle Kinder: Floß fahren, Pumpen, Archimedische Schraube, Wasserrad und viele witzige und lehrreiche Spritz- und Plätscherspiele. Fürs leibliche Wohl sorgen der Landhof **Stoof Mudders Krog** mit Speisen aus regionaler Produktion (○–○○), das Röstereicafé **Koffietied**, ein **1950er-Jahre-Pilzkiosk** und auch die **Picknickplätze** auf dem Gelände. Der Museumsshop hat eine originale Jugendstil-Einrichtung (s. Shopping, S. 141).

Laden von anno dazumal

Im Wald hinter dem traditionsreichen **Gasthaus zum Kiekeberg** (www.kiekeberg.de) geht es im **Hochseilgarten Kiekeberg ❺** ins Geäst auf Parcours (www.hochseilgarten-kiekeberg.de). Auch wenn es der Name verspricht – weit »kieken« kann man wegen der Bäume nicht. Auf dem **Selbstbedienungs-Blumenbeet ❻** blüht, was gerade Saison hat, von Tulpen im Frühjahr bis zu Gladiolen im Herbst: Blumen abschneiden, Geld in den Safe werfen. Das Feld gehört zum nahen **Spargelhof Schröder ❼**; ganzjährig verkauft er regionale Produkte, auch Weihnachtsbäume (Am Sandberg 50; Spargelzeit: tgl. 8–19, sonst Di–Sa 9–18.30 Uhr).

Wildpark Schwarze Berge

Im **Wildpark Schwarze Berge ❽** (April–Okt. 8–18, sonst 9–17 Uhr, www.wildpark-schwarze-berge.de) an der Hamburger Landesgrenze können sich Elche, Wölfe, Bären oder Luchse in dem z.T. über 150-jährigen Wald wie in freier Natur fühlen. Geschickt versteckt sind die Beobachtungsplätze am Gehege. Auf großen Lichtungen äsen Hirsche, Wisente oder Wildpferde. Mit Damwild kommt man im Freigehege oder mit Haustieren im Streichelzoo auf Tuchfühlung, ein Paradies für Kinder! Spannend für jedes Alter sind die Führungen, Fütterungen und Aktionstage, wie zum Thema Holz oder Hirschbrunft.

Einige exotische Arten beziehen im Winter die große **Kunsthandwerkerhalle ❾**, wo sonst Holzgeschnitztes und Selbstgestricktes verkauft wird. Atemberaubend und lehrreich ist die tägliche **Flugschau ❿** (März–Okt. 12 und 15, sonst 14 Uhr) mit Greifvögeln. Wer die 151 Stufen des **Elbblickturms ⓫** neben dem Grill an der **Köhlerhütte** erklimmt, belohnt sich mit einer fantastischen Aussicht auf Hafen, Köhlbrandbrücke, Hauptkirchtürme und mehr.

Tour im Anschluss: 26

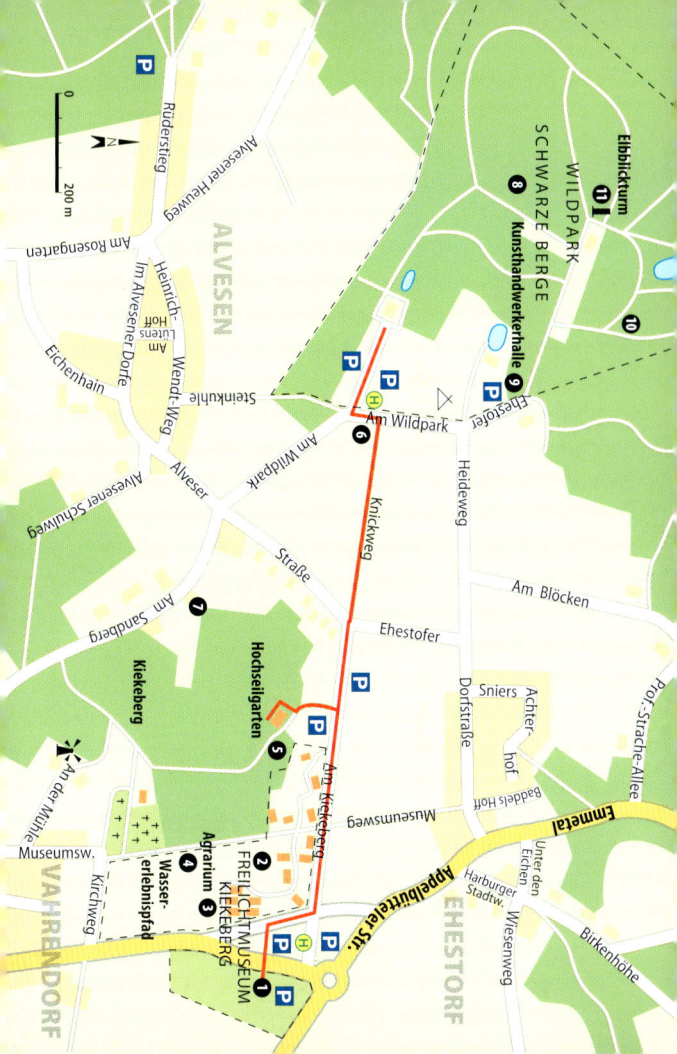

mittel

Ottensen – da lebt sich's gut

Platz der Republik → Rathaus Altona → Altonaer Balkon → Christianskirche → Spritzenplatz → Kemal-Altun-Platz → Zeisehallen → Bonscheladen

In Ottensen wohnen heißt Lebensqualität: bestens renovierte Altbauten, ein Mix von kreativen Geschäften und netten Kneipen, viele Kultureinrichtungen – einige in hervorragend sanierten früheren Fabriken. Und die Elbe mit Hafenblick ist nie weit weg.

Start:	Ⓢ Altona (S 1, 2, 3, 31)
Ziel:	Ⓢ Altona (S 1, 2, 3, 31)
Wann:	jederzeit, lebendige Szene abends aber entspannter als auf St. Pauli und im Schanzenviertel

Ottensen, einst ein eigenständiges Dorf östlich von **Altona**, ist das Szeneviertel des heutigen Bezirks Altona. Hektisch geht es rund um den Altonaer Bahnhof zu. Doch schon im Park **Platz der Republik ❶** an Ottensens Ostrand verebbt das Großstadtgetümmel; wer will, sieht zu beim Boulespiel.

Im **Altonaer Museum** erfährt man Wissenswertes zur norddeutschen Kulturgeschichte, eindrucksvoll ist die Galionsfiguren-Sammlung; im »Kinderolymp« spielen sich Familien mit ihren Sprösslingen durch die üppige Wissenswelt über Natur und Geschichte (Museumsstraße 23, Di–So 10 bis 17 Uhr).

Altonaer Museum

An das frühere jüdische Leben, das in Altona bis zur Nazizeit eine wichtige Rolle spielte, erinnert der 5,5 m lange pechschwarze Quader **Black Form – Dedicated to the Missing Jews** von Sol LeWitt. Er bildet einen starken Kontrast zum blendend weißen neoklassizistischen **Rathaus ❷** dahinter, in dem das Bezirksamt untergebracht ist. Altona unterstand wie Ottensen bis zum Deutsch-Dänischen Krieg 1864 holsteinischer und dänischer Verwaltung; das dänische Königshaus förderte die Konkurrenzgemeinde zu Hamburg nach Kräften und verlieh Altona 1664 sogar Stadtrechte. 1867 wurde Altona preußisch und erst 1937 Hamburg eingemeindet.

Im Park **Altonaer Balkon ❸** genießt man hoch über der Elbe einen großartigen Weitblick übers Elbtal und überblickt die riesigen Dimensionen des Hafengebiets, aus dem die elegant geschwungene **Köhlbrandbrücke** wie ein Wahrzeichen herausragt, unten am Elbufer zieht die ungewöhnliche Parallelogrammform des Bürohauses **Dockland** (s. Tour 13, S. 56) den Blick auf sich.

Dockland

Die **Christianskirche ❹** von 1738 ist eine typisch norddeutsche Barockkirche, schlicht und aus Backstein. Ihren Namen verdankt sie dem dänischen König Christian VI. Sie heißt auch »Klopstockkirche«: Der 1803 gestorbene Dichter liegt mit seinen beiden Frauen im südwestlichen Kirchhof unter einer Linde begraben.

Ottensens traditionelles Zentrum ist der **Spritzenplatz ❺**, der Platz hat viel urbanes Flair, vor allem, wenn Wochenmarkt (Di 8–13, Fr 8–18.30 Uhr) ist. Mit oder ohne Markttrubel kann man entspannt vor dem Restaurant **Kypros** (s. Restaurants, S. 134) in der Sonne sitzen und griechische Küche genießen.

Seit 1867 ist Ottensen Stadtteil von Altona, im 19. Jh. entstanden Fabriken und enge Arbeiterquartiere auf Hinterhöfen. Zum Szenestadtteil entwickelte es sich, als in den 1980er-Jahren viele Höfe entkernt, Fabriken abgerissen oder umgewidmet und die Mietshäuser renoviert waren. Die **Ottensener Hauptstraße** prunkt mit Gründerzeitfassaden, auf den Hinterhöfen stehen oft schlichte Werkstätten (z.B. Nr. 39a). Die Hauptsraße ist eine belebte Bummelmeile mit netten Cafés und Spezialläden wie **Kochkunst** (Nr. 41).

Für Abkühlung im Sommer stehen die Menschen Schlange vor der **Eisliebe** (Bei der Reitbahn 2, März–Okt. tgl. 12–21 Uhr). Man schleckt das Eis vor dem Laden oder nebenan auf dem **Kemal-Altun-Platz ❻**. Auf der Grünfläche nebenan stand bis in die 1970er-Jahre das Werk 1 der Maschinenfabrik Menck & Hambrock. Ihr **Seilbagger** vom Typ M 152 dekoriert die Nordecke des Areals (Am Born/Nöltingstraße) und funktioniert noch. Die Werkshallen der Schiffspropellerfabrik Theodor Zeise, die 1979 in Konkurs ging, bestehen weiter als **Zeisehallen ❼**, sie beherbergen eine Filmschule, Galerien und das für sein engagiertes Programm bekannte **Zeisekino**, außerdem das hippe Restaurant **Eisenstein** (○○).

Restaurant Eisenstein

Im **Bonscheladen ❽** (s. Shopping, S. 138) schaut man zu, wie die Bonbons hergestellt werden. Wer Hunger verspürt, kann sich auf dem Weg zur S-Bahn im **Mercado** stärken: Auf dem Markt im Untergeschoss kann man an vielen Ständen asiatische, italienische, arabische und türkische Spezialitäten schlemmen (○).

Touren im Anschluss: 13, 29

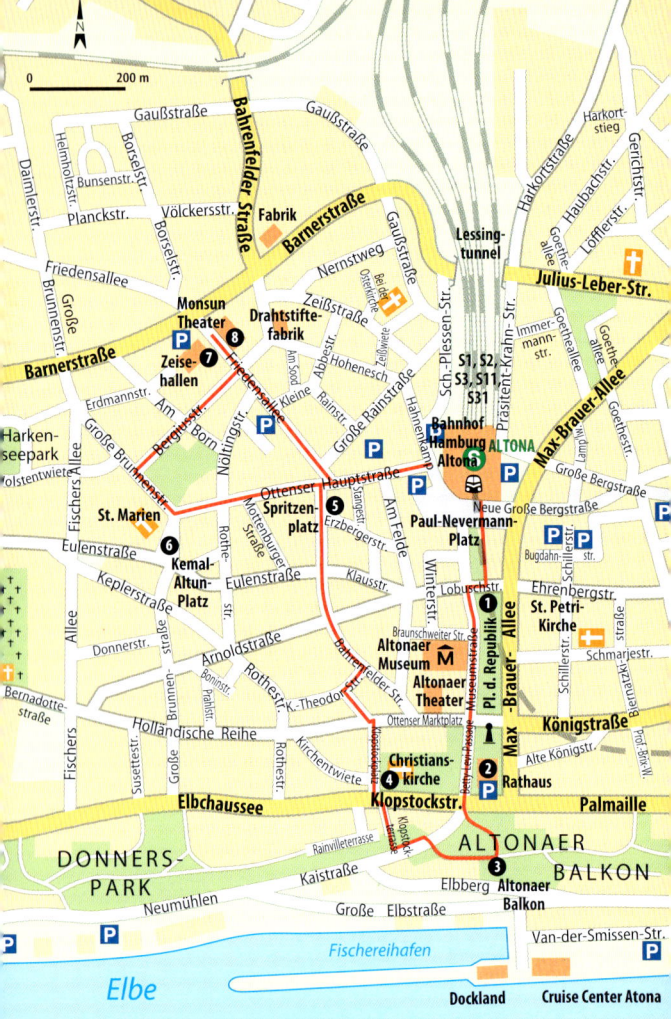

Gartenkunst seit Caspar Voght

Teufelsbrück → Kaisertor → Villa Reemtsma → Jenisch-Haus → Ernst Barlach Haus → Landhaus Voght → Instenhäuser → Derby-Park Klein Flottbek → Botanischer Garten → Loki-Schmidt-Haus

Im Jenischpark ahnt man die Hingabe, mit der Caspar Voght im 18. Jh. sein landwirtschaftliches Hobby betrieb. Für Abwechslung auf dem Spaziergang sorgen spätere Highlights auf dem riesigen Anwesen wie das Jenisch- und Barlach-Haus, die Villa Reemtsma und der Botanische Garten.

Start: Teufelsbrück (Bus 36, 286, HADAG-Fähre 64)
Ziel: Ⓢ Klein Flottbek (S1, 11)
Wann: am besten bei schönem Wetter, sonst längerer Besuch in den Museen

Anleger Teufelsbrück

Ausnahmsweise liegt die Rast hier am Anfang: Auf dem **Anleger Teufelsbrück ❶** ist das **Restaurant Engel** (○–○○) mit dem Ausblick auf Elbe und die großen Schiffe ein Muss. In den **Hafen von Teufelsbrück ❷** mündet das Flüsschen **Flottbek**, einer der wenigen Bäche, die vom hohen Nordufer der Elbe abkommen. Dieser reizende Taleinschnitt gab bei dem reichen Kaufmannssohn Caspar Voght in den 1780er-Jahren wohl den Ausschlag, Grundbesitz zu erwerben. Auf seinen Reisen hatte er in England die *ornamented farm* kennengelernt: also wissenschaftlich fundierten Landbau, der gleichzeitig das Auge erfreut.

Vier große Areale umfasste Voghts Mustergut: in der Mitte das Flottbektal – der heutige **Jenischpark** –, dazu je ein Park im Westen, Norden und Osten. Geländepfade und Rundwege um die Teilparks herum dienten der Naturbetrachtung aus wechselnden Perspektiven. Nördlich des **Pförtnerhauses** und des neobarocken **Kaisertors** ❸, das 1906 zu Ehren Kaiser Wilhelms II. entstand, wandert man auf einem Rundweg entlang. Bald kann man auf ein Stück des ehemaligen **Osterparks** überwechseln, das sich im kleinen **Reemtsmapark** noch erhalten hat. Hier blickt man auf die **Villa Reemtsma** ❹ des Hamburger Zigarettenmagnaten, sie ist ein Paradebeispiel des Neuen Bauens der 1930er-Jahre von Martin Elsässer.

Jenisch-Haus

Betritt man den Jenischpark am einstigen Haupttor, neben einem heute privat bewohnten **Pförtnerhäuschen**, wird der Eindruck der *ornamented farm* deutlich: der Wechsel von Wiesen, Wäldchen und Flusstal; das »Parkpflegewerk« bemüht sich seit den 1980er-Jahren, den früheren Landschaftscharakter sichtbar zu machen. Dies im **Naturschutzgebiet Flottbektal** zu verwirklichen ist schwierig. Voght verkaufte sein Gut 1828 an den Senator Martin Johann Jenisch. Der neue Besitzer baute sich an exponierter Stelle eine weiß-golden schimmernde klassizistische Villa, heute das **Jenisch-Haus** ❺, ein Museum für großbürgerliche Wohnkultur (Di–So 11–18 Uhr). Großartig ist der **Ausblick** auf den Park, das Elbtal und die Harburger Berge. Jenisch fügte nördlich seiner Villa einen *pleasure garden* hinzu, mit Pergolen, Gewächshäusern und exotischen Bäumen, die heute noch gedeihen.

Im Norden des Jenischparks erwirkte Hermann F. Reemtsma den Bau des **Ernst Barlach Hauses ❻**, das seit 1962 die eindrucksvolle Barlach-Sammlung des Mäzens zeigt (Di–So 11 bis 18 Uhr). Im Jahr 1934 bestellte er den **Fries der Lauschenden** beim von den Nazis verfemten Künstler und erwarb auch zahlreiche weitere Werke von ihm. Das Museum veranstaltet interessante Kunstausstellungen. Hie und da verblieben in dem heute von vielen Einzelvillen bebauten Viertel Klein Flottbek Gebäude aus der Voght'schen Zeit, so das schlichte weiße **Landhaus Voght ❼** oder die Zeile reetgedeckter **Instenhäuser ❽** für Landarbeiter. In Voghts **Westerpark** pflanzte man im Süden wieder Obstbäume; den Norden nimmt der **Derby-Park Klein Flottbek ❾** ein. Der Weg an seiner Westseite ist nach dem Hamburger Reiter Eduard Pulvermann benannt; auf ihn geht der Parcours des Deutschen Springderbys zurück, dazu gehört auch das schwierige Hindernis »Pulvermanns Grab«, ein Wassergraben mit jeweils einem Rick vorne und hinten.

Nördlich der bereits 1867 erschlossenen Bahnlinie lag der **Norderpark** des Caspar Voght. Rund 25 ha davon nimmt seit den 1970er-Jahren der neue **Botanische Garten (Loki-Schmidt-Garten) ❿** (9 Uhr bis 1,5 Std. vor Sonnenuntergang) mit dem

Botanischen Institut der Universität ein. Nicht-Botaniker können sich auf einem **Rundweg** von der Schönheit und Vielfalt des Pflanzenreichs beeindrucken lassen. Nahe den Institutsgebäuden leuchtet blau das **Loki-Schmidt-Haus ⓫**, ein aufschlussreiches **Museum für Nutzpflanzen**.

Touren im Anschluss: 28, 30

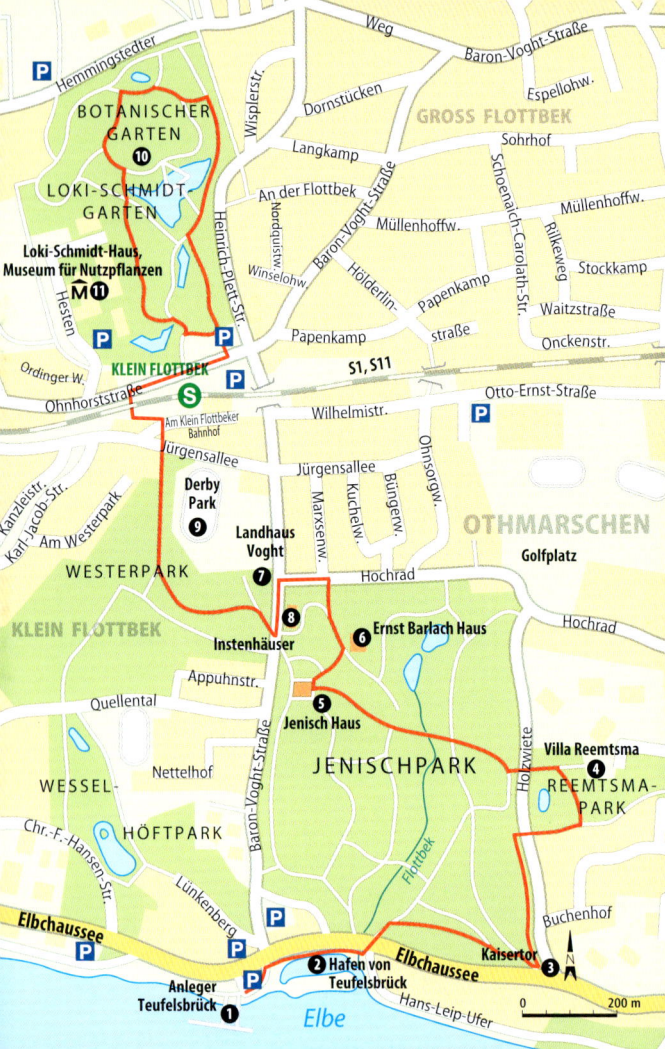

mittel

Blankenese – unterwegs im Treppenviertel

Bahnhof Blankenese → **Baurs Park** → **Kanonenberg**
→ **Bremers Weg** → **Strandweg** → **Blankeneser Bulln**
→ **Elbterrasse** → **Süllbergsterrasse** → **Süllberg**

Große Parks, gewundene Wege entlang steiler Hänge, kleine Katen und prächtige Villen, dazu zahlreiche atemberaubende Ausblicke und unzählige Treppen – Blankenese ist zwar nicht der reichste Hamburger Stadtteil, aber besonders im Treppenviertel sicherlich der schönste.

Start: 🅢 Blankenese (S 1, 11)
Ziel: Waseberg (Bus 48)
Wann: bei klarem Wetter tagsüber, am Strandweg, auf dem Bulln und dem Süllberg auch abends

Schon 1867 konnte man vom **Bahnhof Blankenese** ❶ nach Hamburg fahren; aus dem verschlafenen Fischerdorf Blankenese wurde rasch ein beliebter Wohnort wohlhabender Hamburger. Das Stationsgebäude stammt noch aus jener Zeit.

Viele Geschäfte und Cafés beleben die Blankeneser Bahnhofstraße; hinter der **Kreuzung** von **Elbchaussee** und **Mühlenberger Weg** ❷ wird es ruhig. Westlich der Straße zieht sich **Baurs Park** hin. Den neoklassizistischen **Katharinenhof** ❸ (Nr. 33–35) ließ Kaufmann Georg Friedrich Baur 1829–36 in seinem ursprünglich 11 ha großen Park als

Landhaus errichten. Der denkmalgeschützte Bau steht leer, ein Tagungszentrum ist darin geplant. Vom **Kanonenberg ❹** wurde einst Schiffen salutiert. Der Blick von hier auf das 40 m niedrigere Elbtal schweift über die unzähligen Obstbäume im **Alten Land**, das Naturschutzgebiet **Mühlenberger Loch** – ein Teil der hier gut 2 km breiten Elbe – und die riesigen **Werkshallen von Airbus** nebenan.

An der **Blankeneser Hauptstraße ❺** sind die »Bergziegen« (Schnellbusse Linie 48) nicht zu übersehen: Nur diese Kleinbusse vermögen die steilen und engen Gassen in Blankenese zu passieren. Wo es richtig abschüssig wird, helfen 58 Treppen mit amtlich gezählten 4864 Stufen. So erreicht man im **Treppenviertel** auch die kleinsten Häuschen in ihren bunten Gärten. In einem winzigen **Twe-Hus** wie am **Bremers Weg ❻** (Nr. 1 und 5a) wohnten früher je zwei (twe) Fischerfamilien auf engstem Raum, die Leute waren arm.

Von hohen Büschen beschattet ist die **Strandtreppe** zum **Strandweg**. In dieser uferparallelen Straße zeigen viele Stellen, z.B. die Garage von **Nr. 19, Sturmflutmarken ❼** an, denn hier im niedrigen Elbtal kann einem schon mal das Wasser bis zum Hals reichen. Der Fähr-Anleger **Blankeneser Bulln ❽** hat kein »Land unter«, er senkt und hebt sich mit Ebbe und Flut. Dort im **Fischclub** (tgl. 11–23 Uhr, ○○) oder im gemütlichen Imbiss **Ponton op'n Bulln** (tgl. ab 10 Uhr, ○) sitzt man direkt am Wasser. Am stimmungsvollsten ist es am Abend, z.B. bei Bier oder Scholle »Finken-

werder Art«, wenn die Leuchttürme blinken und ein großes Containerschiff fast lautlos vorbeizieht.

Das **Twe-Hus** an der **Elbterrasse 2 ❾** stammt von 1698 und ist das älteste Gebäude in Blankenese. Die vielfach gewundene **Süllbergsterrasse**, an der sich bekannte Hamburger wie Jan Philipp Reemtsma, Otto Waalkes oder Heinz Haber niederließen, bewohnte in **Nr. 37 ❿** auch lange der Maler und Schriftsteller **Hans Leip**. Sein Gedicht »Lili Marleen«, von Lale Andersen als Soldatenlied gesungen, wurde ein Welthit. Etwas versteckt liegt **Schuldts Kaffeegarten** (Nr. 30, Di–So 14–22 Uhr, ○–○○) mit sehr leckeren hausgemachten Kuchen.

Restaurant auf dem Süllberg

Nach einem letzten steilen Anstieg der Straße ist man auf dem 76 m hohen **Süllberg ⓫**. Der Gipfel beherbergt ein Fünf-Sterne-Hotel und mehrere Restaurants. Am berühmtesten ist das **Seven Seas** (Mi–So, s. Restaurants, S. 136), in dem Sternekoch Karlheinz Hauser klassische französische Küche zelebriert, serviert im noblen Ambiente mit Elbblick.

Im **Deck 7** (○○) speist man qualitätvoll zu günstigeren Preisen, im Sommer auch auf der Terrasse; beliebt ist das Sonntagsfrühstück bis 15 Uhr. Den **Biergarten** (○–○○) mit Selbstbedienung können ungeniert auch Radler auf Durchfahrt betreten und dort u.a. einen »Süllburger« verspeisen. Krönender Abschluss für Sportliche: 99 Stufen führen auf die Aussichtsplattform des **Turms**. Den Schlüssel bekommt man an der Hotelrezeption.

Tour im Anschluss: 29

Hamburgs Hotel-Bauboom ist ungebrochen und die Hotellandschaft wird alljährlich noch bunter. Schnäppchen, die oft Übernachtung und Bahnanreise umfassen, sind saisonale Kurzreisen der Hamburg Tourismus GmbH (www.hamburg-tourism.de) zu besonderen Anlässen, wie Hafengeburtstag oder Weihnachtmärkte.

Alsterblick (Mundsburger Brücke, Bus 6, 37)
Schwanenwik 30, Uhlenhorst, Tel. 22 94 89 89,
www.hotel-alsterblick.de, ○○
Das gründerzeitliche Bürgerhaus hat 35 Zimmer zum ruhigen Garten oder zur belebteren Außenalster, mit einer Bandbreite vom Mini-Einzelzimmer bis zur Suite mit Wintergarten. Die perfekte Joggingstrecke liegt vor der Haustür, das Literaturhaus gleich in der Nähe und mit dem Bus sind es nur sieben Minuten zum Hauptbahnhof.

East (Ⓤ St. Pauli)
Simon-von-Utrecht-Straße 31, Tel. 30 99 30,
www.east-hotel.de, ○○–○○○

Was man aus einer alten Eisengießerei zaubern kann! Der behäbige Backsteinbau in St. Pauli erhielt ein aufregendes Interieur für seine Restaurants und Bars; die Hotelzimmer in drei Kategorien sind wahre Designobjekte; in einigen kann man sich auf Wasserbetten entspannen. Eine Wohlfühloase ist das Wellnesszentrum mit Ausgang zum Dachgarten.

Generator Hostel Hamburg (Ⓢ/Ⓤ Hauptbahnhof)
Steintorplatz 3, St. Georg, Tel. 2 26 35 84 60,
www.generatorhostels.com/de/hamburg, ○

Das backsteinerne Klockmann-Haus am Hauptbahnhof ist jetzt Heimstatt für Touristen mit schmalem Geldbeutel und schlägt mit Sonderpreisen sogar noch die Jugendherberge. Da muss man sich aber mit einem Unisex-Achtbettenschlafsaal zufriedengeben. Preiswerte Restaurants gibt's um die Ecke in St. Georg.

Louis C. Jacob (Nienstedten)
Elbchaussee 401–403, Tel. 82 25 50, www.hotel-jacob.de, ○○○

Der Fernwehblick vom hohen Elbufer auf die vorüberziehenden Schiffe hat nicht nur Maler Max Liebermann fasziniert. Man genießt ihn beim Frühstück von der berühmten lindenbestandenen Terrasse. Die Einrichtung ist gediegen, der Service perfekt, die Küche mit Zwei-Sterne-Koch Thomas Martin ist eine der feinsten der Stadt.

Onyx, Arcotel (Ⓤ St. Pauli)

Reeperbahn 1, Tel. 2 09 40 90, www.arcotelhotels.com/de/
onyx_hotel_hamburg, ◐◯–◐◯◯

Dekorative Bereicherung für den schrägen Kiez: Der schwarze »Edelstein« gleich neben den Tanzenden Türmen am Anfang der Reeperbahn hat 215 Zimmer mit witzigen Details. Auch wenn das Nachtleben bis in den Morgen dauert, kann man dank der prima isolierten kreisrunden Fenster friedlich schlummern.

Scandic Hamburg Emporio (Ⓤ Gänsemarkt)

Dammtorwall 19, Neustadt, Tel. 43 21 18 70, www.
emporio-hamburg.de/scandic-hamburg-emporio, ◐◯

Die skandinavische Kette macht Ernst mit Nachhaltigkeit: Das

helle siebenstöckige Haus gleich hinter der Laeiszhalle besteht überwiegend aus wiederverwertbaren Materialien – in ruhigem nordischen Design. Aufbereitetes Trinkwasser gibt es aus Scandic-Glasflaschen, nur Fairtradekaffee kommt auf den Tisch. Auch Kinder fühlen sich hier richtig wohl.

Schanzenstern (Ⓢ/Ⓤ Sternschanze)

Bartelsstraße 12, Tel. 4 39 84 41, www.schanzenstern.de, ◯

Mitten im Schanzenviertel gelegen, tituliert sich das 19-Zimmer-Hotel »Übernachtungshaus«: Hier ist Luxus gar nicht gewollt; man wohnt in einem früheren Werkhaus der Montblanc-Füllfederhalterfabrik. Das Vollwertkost-Frühstück gibt es im kleinen Erdgeschoss-Restaurant oder im Sommer im stillen Gartencafé.

SIDE (Ⓤ Gänsemarkt)
Drehbahn 49, Neustadt, Tel. 30 99 90,
www.side-hamburg.de, ⭘⭘–⭘⭘⭘

Der äußerlich eher unauffällige Bau in einer Seitenstraße nahe der Oper entfaltet im Innern seine ganze Schönheit: Architekt Jan Störmer aus Hamburg plante das achtstöckige Atriumhaus mit 178 Zimmern, für Farbe und Form der Ausstattung sorgte der italienische Designer Matteo Thun und der Amerikaner Robert Wilson setzte mit Lichteffekten noch das I-Tüpfelchen auf.

Steigenberger Hotel (Ⓤ Stadthausbrücke)
Heiligengeistbrücke 4, Neustadt, Tel. 36 80 60,
www.steigenberger.com/Hamburg, ⭘⭘–⭘⭘⭘

Ein Business-Hotel mit 233 Zimmern, das auch Touristen nicht verschmähen sollten: es liegt ideal in der City. Kanalflair der Fleetinsel gibt's schon beim Hoteleingang und vom Fitnesszentrum ganz oben im Haus fantastische Aussichten bis zur Binnenalster und dem Hafen.

Superbude (Ⓢ/Ⓤ Berliner Tor, Ⓢ Hammerbrook)
Spaldingstraße 152, Tel. 3 80 87 80, www.superbude.de, ⭘

Das Hostel ist ein wahres Designhotel! Viele Gags bringen die Gäste zum Schmunzeln, wie Gummiplümper an der Wand, an deren Stielen man seine Kleider aufhängt, Mausefallen, die Notizen festhalten oder Polstermöbel, die mit gebrauchtem Jeansstoff bezogen sind. Alles ist hier patent und wohldurchdacht.

Das internationale Hamburg hat für sein Publikum aus aller Welt eine schier endlose Bandbreite an Restaurants. Es gibt ein knappes Dutzend Sterne-Köche, aber das besondere Etwas beim Essengehen kann auch das ganz Einfache sein. Schöne alte Häuser wurden in letzter Zeit zu attraktiven Restaurants umgestaltet und verbreiten ihre ganz eigene Atmosphäre.

Blockbräu (St. Pauli, Tour 9, S. 42)
Bei den St. Pauli Landungsbrücken 3a, Tel. 44 40 50 00, www.block-braeu.de; Mo–So 11–24 Uhr, ○

Ein tolles Hafenpanorama, dazu Dirndlkleider und Brezeln, kann das zusammengehen? Im Landungsbrücken-Empfangsgebäude scheint genau das zu passen: Der Hunger wird bestens gestillt mit guten Portionen eines überschaubaren Menüangebots, dazu gibt es das selbst gebraute Bier des Hauses. Sehr schön, wenn's nicht stürmt: die Hafenterrasse mit Strandkörben.

Bullerei (Schanzenviertel, Tour 10, S. 46)
Lagerstraße 34b, Tel. 33 44 21 10, www.bullerei.com;
Deli ab 11 Uhr, Restaurant ab 18 Uhr, ⚬⚬–⚬⚬⚬

Gut essen gehen, wo einst Schlachtvieh sein letztes Stündlein erwartete: Fernsehkoch Tim Mälzer ließ in seiner »Bullerei« viel rohe Wand stehen, aber der Kontrast ist gewollt, denn fein sind die Gerichte, z.B. Backe vom Weideochsen in Rotwein mit Artischockenpüree. Unkompliziert ist tagsüber das »Deli« – im Sommer ist es draußen am schönsten.

Cornelia Poletto (Eppendorf, Tour 17, S. 74)
Eppendorfer Landstraße 80, Tel 4 80 21 59,
www.cornelia-poletto.de; Mo–Sa 11–23 Uhr

Cornalia Poletto kombiniert ihr feines italienisches Restaurant mit der »Gastronomia«, wo sie allerbeste Zutaten verkauft, getreu ihrer Devise: Für gute Gerichte braucht man hervorragende Produkte. Hier in Eppendorf erlebt man die Chefin bei Kochschulungen live.

Deichgraf (Altstadt, Tour 1, S. 10)
Deichstraße 23, Tel. 36 42 08, www.deichgraf-hamburg.de;
Mo–Fr 11–15 und 17.30–22, Sa 17–22 Uhr, ⚬⚬

In der Küche in dem historischen Haus in der Deichstraße kommen fast vergessene Erzeugnisse zum Einsatz wie Butterkohl, Steckrüben, Pastinak oder Topinambur. Der Koch bezieht sie direkt von einem Bio-Gemüsehof im Alten Land.

Die Mühle (Wohldorf, Tour 20, S. 86)

Mühlenredder 38, Tel. 6 07 66 50,

www.die-muehle-hamburg.de; Mi–So ab 12 Uhr, ○

In der alten Schankwirtschaft nahe dem Flüsschen Ammersbek vertrieben sich einst die Bauern die Zeit, bis ihr Korn gemahlen war. In diesem unverfälschen Ambiente genießt man heute gute Landküche, vom Hirschrücken über Kohlroulade bis zum Lüneburger Saibling – der Nachtisch ist ist exotischer.

Fischereihafenrestaurant (Altona Altstadt, Tour 13, S. 58)

Große Elbstraße 143, Tel. 38 18 16, www.fischereihafen restaurant.de; 11.30–22, Fr, Sa bis 22.30 Uhr, ○○

Hamburgs Top-Adresse in Sachen Fischgerichte. Das unauffäl-

lige Haus gleich hinter dem Fischgroßmarkt pflegt hamburgisches Understatement, die Qualität der Speisen ist weithin gerühmt – dazu gibt es mehrere prächtige Fensterplätze mit Blick auf den Hafen. Reservierung ist dringend empfohlen!

Kypros (Ottensen, Tour 28, S. 117)

Spritzenplatz 18, Tel. 3 90 33 50, www.restaurant-kypros-altona.de; Mo–Fr 16–24, Sa, So 12–24 Uhr, ○

Das immer gut gelaunte und aufmerksame Team um *Akis Telioridis* bietet gute griechische Hausmannskost. Sehr lecker sind die warmen Vorspeisen und die nach Saison wechselnden Fischgerichte. Sobald es nur ein bisschen warm ist, sitzt man draußen auf dem Spritzenplatz und genießt die entspannte Stimmung Ottensens.

Literaturhauscafé (Uhlenhorst, Tour 14, S. 61)
Schwanenwik 38, Tel. 2 20 13 00 09, www.literaturhauscafe. de; Mo–Fr 9–24, Sa, So 10–24 Uhr, ○

Ob im denkmalgeschützen Gartensaal, in der Beletage mit Alsterblick oder einfach nur an der Bar neben der gut bestückten Buchhandlung Samtleben – hier wird die Welt der Literatur wunderbar ergänzt durch feine Küche mit italienischem Touch. Eine Kaffeepause dehnt sich wie von selbst aus bei Lektüre oder Gesprächen.

Konditorei Lindtner (Eppendorf, Tour 18, S. 77)
Eppendorfer Landstraße 88, Tel. 4 80 60 00, www. konditorei-lindtner.de; Mo–Sa 8.30–20, So 10–19 Uhr, ○

»Konditern gehen« nennt man in Hamburg dieses Sich-verführen-lassen durch die herrlichsten Kreationen des immer rarer werdenden Handwerks der Konditorkunst. An einer Straßenecke mitten in Eppendorf kann man sich in diesem nostalgischen Kaffeehaus dem Augen- und Gaumenschmaus voll hingeben, im Sommer auch draußen im Vorgarten.

Nau (Neustadt, Tour 9, S. 41)
Ditmar-Koel-Straße 13, Tel. 31 78 48 50, www.nau-hh.de; 11.30–24 Uhr, ○–○○

Die Auswahl auf der Speisekarte ist überschaubar, doch vielleicht liegt in dieser Konzentration das Geheimnis, dass die moderne portugiesische Kochkunst des Nau hoch gelobt wird. Ein heißer Tipp ist der wöchentlich wechselnde Mittagstisch: Zur Auswahl stehen meist mehrere Fisch- und Nudelgerichte zu Preisen zwischen ca. 6,50 und 8,50 Euro.

Schwerelos & Zeitlos (Harburg, Tour 25, S. 105)
Harburger Schloßstraße 22, Tel. 89 72 13 10, www.
schwerelos-zeitlos.de; Di–Sa 11.30–23, So 9–23 Uhr, ◯◯
Irgendwoher von oben aus der riesigen alte Speicherhalle winden sich glänzende Doppelschienen zu den Gästen hinunter, nicht nur zur Dekoration: An ihnen gleiten die per Touchscreen am Tisch bestellten Speisen im Töpfchen – Riesenauswahl von Bollywood-Curry bis Ofenkartoffel oder Geschnetzeltes – und Getränke in einer sicheren Halterung punktgenau an den Tisch.

Seven Seas (Blankenese, Tour 30, S. 126)
Süllbergsterrasse 12, Tel. 8 66 25 20, www.suellberg-hamburg.
de; Mi–So 18.30–23, So, Fei auch 11.30–15 Uhr, ◯◯◯
Ein Gesamtkunstwerk aus feiner Tischkultur, Weitblick auf die

Elbe, stilvollem Interieur und vor allem der meisterhaften Kochkunst des mit zwei Michelin-Sternen dekorierten Karlheinz Hauser erwartet den Gast auf dem Süllberg in Blankenese. Die klassisch französisch geprägte Küche kann man im Sommer auch auf der Gourmetterrasse erleben.

Slowman (Altstadt, Tour 6, S. 30)

Burchardstraße 13, Tel. 33 75 61, www.slowman.de;

Mo–Fr 12–17 und ab 18, Sa, Fei ab 18 Uhr, ◐–◐◐

Genial gewählt ist der Standort: In der Spitze des berühmten Chilehauses verfolgt Sterne- und Fernsehkoch Christian Rach ein vorbildliches soziales und ökologisches Konzept. Hier bekommen junge Leute den Kick für Teamwork und Qualität im Zubereiten von Speisen und im Service. Die Mittagsmenüs sind kleine, oft asiatisch angehauchte Kunstwerke – und preiswert.

Wasserschloss (Speicherstadt, Tour 7, S. 34)

Dienerreihe 4, Tel. 5 58 98 26 40, www.wasserschloss.de;

10–22 Uhr, ◐◐

Ein wundervoller Ort ist das dekorative Häuschen mitten in der Speicherstadt, hier mag man sich nach langem Pflastertreten bei kleinen Gerichten und vor allem köstlichen Tees niederlassen – dies ist ein alteingesessenes Teehandelskontor.

Wasserwerk Wilhelmsburg (Wilhelmsburg, Tour 24, S. 102)

Kurdamm 24, Tel. 75 06 22 03, www.restaurant-wasserwerk-wilhelmsburg.de; Di–So 11–22 Uhr, ◐

Die großen Fenster im hundertjährigen Maschinenraum des Wasserwerks lassen den Blick frei über die 2013 neu gestaltete Gartenschau-Landschaft. Hierher passen die Gerichte mit frischen Zutaten aus der Region um Hamburg. Die Wasserbar wartet mit einer enormen Auswahl an Flaschenwasser auf.

Tagtäglich besuchen viele tausend Gäste Hamburg auf einem Kurztrip, und die meisten kommen zum Einkaufen. Die Shoppingstraßen und Passagen der City lassen kaum Wünsche unerfüllt (s. Touren 3 und 4), der sonntägliche Fischmarkt oder ein Bummel durch Eppendorf (s. Tour 17) zeigen, dass die Stadt noch mehr zu bieten hat. Unter Hamburgs Geschäften sind einige echte Individualisten, die einfach Spaß machen. Andere haben verblüffende Angebote, die zu ungewöhnlichen Souvenirkäufen anregen.

Bonscheladen (Ottensen, Tour 28, S. 118)
Friedensallee 12, Tel. 41 54 75 67, www.bonscheladen.de;
Di–Fr 11–18.30, Sa 11–16 Uhr
Eingewickelte Süßigkeiten in Tüten gibt's überall zu kaufen, aber wie macht man eigentlich Bonbons? Die »Bonsche«-Herstellung ist kein Geheimnis, sondern eine bunte, spannende Vorführung (Di–Fr ab 16.15, Sa ab 14.30 Uhr). Im Laden gibt es außerdem eine fantastische Auswahl süßer Sachen.

Bücherstube Felix Jud (Neustadt, Tour 3, S. 17)
Neuer Wall 13, Tel. 34 34 85, www.felixjud.de;
Mo–Fr 10–18, Sa bis 18.30 Uhr

Der legendäre Gründer der wohl berühmtesten Hamburger Buchhandlung war als Gegner des Naziregimes bekannt dafür, verbotene Literatur unter dem Ladentisch zu verkaufen. Kunst und Literatur prägen heute das hervorragende Sortiment, das hoch spezialisierte Antiquariat bietet u.a. seltene historische Reiseberichte an.

HSV City Store (Altstadt, Tour 1, S. 9)
Schmiedestraße 2, www.hsv.de/shop;
Mo–Fr 10–19, Sa bis 18 Uhr

HSV oder FC St. Pauli ist für manche Hamburger ein Glaubensbekenntnis. Wer auf die schwarz-weiße Raute im blauen Feld steht, kann sich in der City gegenüber dem Domplatz bestens mit Schals, Stulpen, der Rothosen-Kollektion oder sonstigem Beiwerk eindecken.

Hummer Pedersen (Altona Altstadt, Tour 13, S. 58)
Große Elbstraße 152, Tel. 52 29 93 90,
www.hummer-pedersen.de; Mo–Fr 8–16, Sa bis 12 Uhr

Hummer Pedersens Delikatessen werden lebend aus vielen Teilen der Welt importiert, nicht selten per Flugzeug; sie gelangen immer ganz frisch an die Kunden: Schon seit 1889 bewahrt die Altonaer Firma die hochempfindlichen Krustentiere in Salzwasserbecken auf. Heute sind auch Langusten, Krebse, diverse Muschelarten und Edelfische in den temperierten Spezialbecken.

Hundertmark Westernstore (St. Pauli, Tour 11, S. 50)
Spielbudenplatz 9, Tel. 31 20 54, www.hundertmark.de;
Mo–Fr 9.30–22, Sa 10–24, So 12–22 Uhr

Vollgestopft mit Sachen, die in den 1950er-Jahren der letzte

Schrei waren, wie Jeans, Sporenstiefel und Pistolengurte, ist der Laden heute noch; er liegt nur ein paar Schritte von der weltberühmten Reeperbahn entfernt. Passt aber irgendwie ins Nostalgieviertel und hat auch eine Menge Fanartikel vom FC St. Pauli und viel Souvenir-Schnickschnack im Angebot.

Koppel 66, Haus für Kunst und Handwerk
(St. Georg, Tour 5, S. 26)
Koppel 66, Tel. 38 64 19 30, www.koppel66.de;
GEDOK Di–Fr 13–18, Café tgl. ab 10 Uhr, ○

In der alten, dekorativ restaurierten Maschinenbauhalle haben
mehr als ein Dutzend Künstler und Kunsthandwerker ihre Ateliers für Fotografie, Holzkunst, Schmuck, Kleidung, Schuhe, Hüte,
sogar kunstvolle Seife. Auch die Künstlergemeinschaft GEDOK
ist hier vertreten und ein wundervolles kleines Bio-Café.

Montblanc Boutique (Neustadt, Tour 3, S. 17)
Neuer Wall 18, Tel. 35 11 75, www.montblanc.com;
Mo–Fr 10.30–19, Sa 10.30–18 Uhr

Ein Montblanc-Füllfederhalter mit handgefertigter Goldfeder ist
seit 1924 bis heute ein Luxus-Accessoire. Die Hamburger Traditionsfirma erweiterte ihre Kollektion über Schreibgeräte hinaus

mit Artikeln von zeitlosem Design für die anspruchsvolle internationale Businesswelt, wie Lederwaren, Uhren oder Schmuck – der Flagshipstore am Neuen Wall ist ein Erlebnis.

Museumsladen im Freilichtmuseum Kiekeberg
(Rosengarten-Ehestorf, Tour 27, S. 112)
Am Kiekeberg 1, Rosengarten-Ehestorf, Tel. 79 01 76 21, www.kiekeberg-museum.de; Di–So 10–18 Uhr

Die über 100-jährige Ladenausstattung in schönstem Jugendstil konnte das Museum erst vor wenigen Jahren erwerben – der Shop selbst ist ein prächtiges Museumsstück. Aber die Ware ist frisch, z.B. wenn gerade Brot gebacken wurde. Der hausgebrannte Schnaps Haidmärker ist hier zu haben und tausenderlei Dinge aus Naturmaterialien sowie jede Menge nostalgisches Spielzeug.

Pappnase (Rotherbaum, Tour 15, S. 66)
Grindelallee 92, Tel. 44 97 39, www.pappnase.de; Mo–Mi 10–18.30, Do–Fr 10–19, Sa 10–16 Uhr

Was tun, wenn artistikbesessenen und theaterspielsüchtigen jungen Leuten die Requisiten fehlen? Selber machen! So einfach begann 1983 dieser fantastische Laden, wo man vom Jonglierball zur Clownsnase, von der Halloweenmaske bis zum magischen Zylinderhut alles kriegt, was im weitesten Sinne zur Zauberkunst, Artistik oder sonstwie auf die Bühne gehört und zum Spielen gut ist.

Schokovida (Eppendorf, Tour 17, S. 73)
**Hegestraße 33, Tel. 87 87 08 08, www.schokovida.de;
Mo–Fr 10–19, Sa 10–16 Uhr**

Schön braun ist die Einrichtung des Souterrainlädchens – aus Teakholz, und was in den Regalen steht ist allerfeinste Schokolade. Vieles kommt aus eigener Herstellung und klingt fast so, als gäbe es in Hamburg Kakaobäume: »Fofftein« ist Trinkschokolade aus Schokospänen und die Bitterschokolade »Alsterblick« knabbert man am besten beim Segeln.

Seekiste (Neustadt, Tour 9, S. 41)
Ditmar-Koel-Straße 30, Tel. 31 25 95, Mo–Sa 11.30–18 Uhr

Was richtig seemännisch aussieht, wie Knotentafeln, Messingbeschläge, Schiffsglocken, diverse Buddelschiffe oder auch mo-

derne Schiffsmodelle, ist in diesem rappelvollen Lädchen im Portugiesenviertel gestapelt und unterscheidet sich merklich von den kunterbunten Souvenirs rund um die Landungsbrücken. Ein bisschen teurer hier, aber was Besonderes.

Shirtlab (Sternschanze, Tour 10, S. 44)
**Marktstraße 16, Tel. 43 09 54 51, www.shirtlab.de;
Mo–Fr 10–19, Sa 11–17 Uhr**

Auf solch simple Ideen für Motivprints muss man erstmal kommen: Es sind oft leicht verfremdete Alltagsmotive, die T-Shirts, Kapuzenpullis oder Jacken zieren: gelb-lila oder rosa-blau Hamburger Hafenkräne, ein Barcode, aus dem Blumen wachsen, ein riesiges Windrad, aber auch ein scheues Bambi. Echt Kult!

Stüdemanns Kaffee & Teeladen
(Schanzenviertel, Tour 10, S. 46)
Schulterblatt 57, Tel. 4 30 06 30;
Mo–Fr 9–18, Sa 9–15 Uhr
Kontrastprogramm zum Supermarkt –
so wie hier gingen unsere Uromas
Kaffee und Tee und Süßes einkaufen:

Pfundweise werden die Bohnen gemahlen, das macht ordentlich Krach. Der Tee wird aufs Gramm genau abgewogen. Und hätten Sie sonst noch einen Wunsch?

Wäschehaus Möhring (Neustadt, Tour 3, S. 17)
Neuer Wall 25, Tel. 37 60 41 28, www.waeschehaus-moehring.de; Mo–Fr 10–19, Sa 10–18 Uhr
Über 200-jährige Tradition in feiner Weißwäsche – das verpflichtet. Aber das Geschäft hielt immer Schritt mit der Moderne, und so wirkt heute das Eckhaus an prominenter Stelle am Neuen Wall keineswegs verstaubt. Nur allerbeste Qualität für Textilien in Küche und Bad und die feinsten internationalen Marken für Bett- und Unterwäsche sind hier versammelt.

Wede (Neustadt, Tour 3, S. 18)
Große Bleichen 36 (Hanseviertel), Tel. 34 32 40,
www.wede-buch.de; Mo–Sa 10–20 Uhr
Die ganze Welt der Flugzeuge, Schiffe, Autos und Eisenbahnen ist in dieser kleinen Buchhandlung im Hanseviertel zu Hause und beglückt Sammler und Technikbegeisterte. Bei den Bildbänden, Karten, Postern, besonders aber den Schiffs- und Flugzeugmodellen geraten sogar Experten ins Schwärmen.

2oup Bar im Empire Riverside Hotel (Ⓢ/Ⓤ Landungsbrücken)
Bernhard-Nocht-Straße 97, Tel. 31 11 97 04 70,
www.empire-riverside.de; So–Do 18–2, Fr, Sa 18–3 Uhr
Im 20. Stock des Chipperfield-Hotelbaus eine blitzende Bar: von
den Plätzen entlang den 7 m hohen Aussichtsfenstern hat man
den atemberaubendsten Ausblick auf Hamburgs Hafen, vor allem wenn draußen die Lichter angehen – nur Fliegen ist schöner.

Abaton Kino und Bistro (Ⓢ Dammtor/Bus 5, Grindelhof)
Allende-Platz 3, Tel. 41 32 03 20, www.abaton.de,
Bistro Tel. 45 77 71; Mo–Fr. 9.30–1, Sa, So ab 12 Uhr
Hamburgs Programmkino Nr. 1 zeigt die meisten Uraufführun-
gen, die neuesten Streifen oder ganz alte, und oft ausländische
Filme im Originalton. Das französische Bistro im selben Haus ist
der geeignete Platz vor oder nach den Kinobesuch, gelegentlich
trifft man hier auch die Akteure selbst.

Cotton Club (Ⓢ Stadthausbrücke)
Alter Steinweg 10, Tel. 34 38 78, www.cotton-club.de;
Mo–Sa ab 20, So 11–15 Uhr Frühschoppen

Seit 1963 gibt es den Cotton Club – der älteste Jazzclub der Hansestadt. Anfangs war er nur Hamburgs interner Hotspot, aber als der Club 1971 den Keller am Alten Steinweg bezog, wurde das Programm international. Hier trifft man täglich Künstler für Swing, Dixieland oder Boogie Woogie und Jazzbands von Australien bis Dänemark; deutsche Größen, wie Gottfried Böttger, starteten hier ihre Karriere.

Docks mit Prinzenbar (Ⓤ St. Pauli)
Spielbudenplatz 19, Tel. 3 17 88 30, www.docks.de

Beide hängen zusammen, aber ins Docks am Spielbudenplatz geht man für fetzige Konzerte (ca. ab 19.30) und Partys (ca. ab 23 Uhr), in die Prinzenbar, Eingang auf der Rückseite des Hauses, für angesagte stylische Events. In diesen Partykatakomben gelten die alten Stuckputten und Kronleuchter als ebenso trendig wie die illuminierte Tanzfläche. Queer Party oder Electro-Club, Hauptsache, man hebt sich ab vom Durchschnitt.

Frau Hedi (Ⓢ/Ⓤ Landungsbrücken)
Bei den St. Pauli Landungsbrücken, Brücke 10 (Innenkante),
Tel. 42 10 28 23, frauhedi.de

Hamburgischer geht es nicht: Superpartystimmung mit immer neuen Themen und Bands auf einer gemütlichen alten Barkasse. Fleißig tuckert sie durch den nächtlichen, romantisch funkelnden Hafen. Wer zwischendurch aussteigen oder dazukommen will, muss nicht ins Wasser springen: Alle Stunde kehrt Frau Hedi zu ihrem Liegeplatz an den Landungsbrücken zurück.

Knust (🄤 Feldstraße)
Neuer Kamp 30, Tel. 87 97 62 30, www.knusthamburg.de

Mitten zwischen Karo und Schanze und ein paar Schritte vom U-Bahnhof Feldstraße strömen Rockfans zum Knust und zu seinen Konzerten mit spannenden Newcomern der Branche, aber auch diversen Rocklegenden.

Nachtmichel (🄢 Stadthausbrücke)
Englische Planke 1, Tel. 28 51 57 91, www.nachtmichel.de;
Mai–Okt. ab 19.30, Nov.–April ab 17.30 Uhr

Hamburgs Wahrzeichen, der Michel, öffnet an vielen Tagen seinen Turm auch nächtlich für Besucher. Aus nächster Nähe erlebt man den Turmbläser, wenn er um 21 Uhr seinen Choral in alle vier Himmelsrichtungen schickt. Stadt und Hafen sind in schönster Illuminierung und oft gibt es besondere Festlichkeiten wie große Feuerwerke oder besondere Lichtkunst im Hafen.

Planetarium (🄤 Borgweg)
Hindenburgstraße 1b, Tel. 42 88 65 20,
www.planetarium-hamburg.de

»Kosmisches Schauspielhaus« nennt sich das Planetarium ganz und gar zutreffend, denn die 350 000 Gäste pro Jahr kommen nicht nur wegen der Astronomie hierher: In atemberaubenden Shows erlebt man das Universum zusammen mit traumhafter Musik wie »The Wall« von Pink Floyd, man lauscht Hörspielen oder taucht in 3-D-Welten ein und jedesmal ist man verzaubert.

Schmidts Tivoli (Ⓤ St. Pauli)
Spielbudenplatz 24–28, Ticket-Hotline 31 77 88 99,
www.tivoli.de

Neben dem Schmidt Theater ist seit 1991 Corny Littmanns Ver-

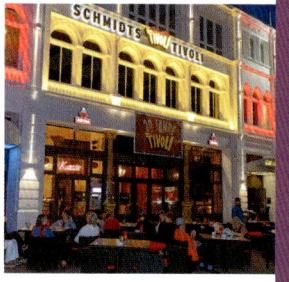

zehrtheater Schmidts Tivoli zu Hause. In dem Gründerzeitbau werden Lachsalven losgetreten, wie bei der Nostalgierevue »Fifty Fifty« oder dem Musical-Dauerhit »Heiße Ecke«. Bei einem Gastspiel wie »Caveman« liefert die Küche auch gleich ein Steinzeitmenü mit.

Thalia Theater (Ⓤ Mönckebergstraße)
Alstertor 1, Tel. 32 81 40, www.thalia-theater.de;
Tageskasse Mo–Sa 10–19, So 16–18 Uhr

Das 100 Jahre alte Theater spricht mit seiner großen Bandbreite an Inszenierungen von klassischer Antike bis zu modernen Stücken eine treue Theatergemeinde an und begeistert sie. Immer wieder heimsen das Haus oder Mitglieder des Ensembles Auszeichnungen ein, jüngst das Acht-Stunden-Stück »Faust I + II«. Für besondere Leckerbissen, wie Lesungen oder Solostücke, dient die Bar Nachtasyl unterm Dach als intime Bühne.

Frühling

März/April: Frühlingsdom – Volksfest mit über 160 Schaustellern auf dem Heiligengeistfeld in St. Pauli; großes Feuerwerk an jedem Freitag um 22.30 Uhr; Mittwoch ist Familientag mit reduzierten Preisen (www.hamburg.de/dom).

Mai: Hafengeburtstag – Das größte Hafenfest der Welt findet jedes zweiten Wochenende im Mai zwischen der HafenCity und Neumühlen und auf der Elbe statt. Höhepunkte sind die Einlaufparade (Freitag), das Schlepperballett (Samstag) und die Auslaufparade (Sonntag).

Mai: Japanisches Kirschblütenfestival – zahlreiche Veranstaltungen rund um die japanische Kultur. Der beste Sicht auf das grandiose Feuerwerk über der Alster hat man vom Boot oder Alsterschiff.

Sommer

Juni: Altonale – zwei Wochen Stadtteil- und Kulturfest auf den Straßen und Hinterhöfen in Ottensen; großer Flohmarkt, umfangreiches Kinderprogramm (www.altonale.de)

Juni: Harburger Binnenhafenfest – an den Kais prächtige Oldtimersegler, an Land eine große Bummelmeile mit Kunsthandwerk und Musikbühnen und über allem der Kulturkran; an zwei Tagen ist am sonst stillen Binnenhafen viel Betrieb (www.harburgerhafenfest.de).

Juli: Triathlon – auf spektakulären Strecken rund um den Rathausmarkt und die Binnenalster sind jedes Jahr die besten Triathleten der Welt im Rahmen der ITU World Triathlon Serie und viele tausend »Jedermänner« auf der Sprintstrecke oder der olympischen Distanz unterwegs (www.hamburg-triathlon.org).

Juli/August: Sommerdom – Volksfest auf dem Heiligengeistfeld.

Juli/August: Pride week mit Parade am Christopher Street Day (www.hamburg-pride.de/christopher-street-day).

August: Cyclassics – eines der wichtigsten Eintages-Radrennen weltweit mit prominenten Siegern. Über 10 000 Amateure fahren anschließend auf der 55-, 100- oder 155-Kilometer-Distanz (www.vattenfall-cyclassics.de).

wohlt (www.harbour-front.org).

September: Reeperbahn Festival – über 200 internationale Newcomer aus unterschiedlichen Stilrichtungen live open air und in Clubs rund um die Reeperbahn (www.reeperbahnfestival.com).

September/Oktober: Filmfest – cineastische Leckerbissen vor allem aus Nordeuropa – dazu Diskussionen mit den Filmemachern (www.filmfesthamburg.de).

Herbst

September: Harbour Front Literaturfestival – 80 Lesungen und Gespräche bieten Gelegenheit, deutsche und internationale Literatur an ungewöhnlichen Orten kennenzulernen, wie dem Kesselhaus oder der Cap San Diego; dort lesen berühmte Autoren wie Donna Leon oder Harry Ro-

Winter

November/Dezember: Winterdom – vier Wochen Volksfest.

Dezember: Weihnachtsmärkte – an sieben Plätzen in der City sowie im Überseequartier, auf St. Pauli, in Ottensen und in Harburg. Märchenschiffe bezaubern Kinder am Jungfernstieg.

Anreise

▮ mit der Bahn

ICE und IC-Verbindungen aus allen Richtungen zu den Fernbahnhöfen Hauptbahnhof, Dammtor und Altona.

▮ mit dem Auto

Hamburg wird von der BAB 7 Hannover–Flensburg (durch den Elbtunnel) und von der BAB 1 Bremen–Lübeck durchquert (Zufahrt zur City über die BAB 255 und die Elbbrücken). Die BAB 24 aus Richtung Berlin endet am »Horner Kreisel«, 5 km östlich der Innenstadt; die BAB 23 führt Richtung Nordsee und zweigt in Hamburgs Nordwesten von der BAB 7 ab.

▮ mit dem Flugzeug

Vom Hamburg Airport 8 km nördlich des Zentrums bestehen Verbindungen zu über 100 internationalen und 11 nationalen Destinationen. Die S-Bahnlinie 1 verbindet den Flughafen in knapp 30 Minuten mit der Innenstadt.

Mitfahrzentrale

Das Büro der Citynetz-Mitfahrzentrale liegt in der Nähe des Hauptbahnhofs, Ernst-Merck-Straße 12–14 (Tel. 1 94 44, www.citynetz-mitfahrzentrale.de). Eine weitere Möglichkeit ist die Seite www.mitfahrgelegenheit.de.

Fundbüros

Das zentrale Fundbüro befindet sich an der Bahrenfelder Straße 254–260 (Ottensen), Tel. 4 28 11 35 01 oder 4 28 11 34 84. Eine direkte Suche ist unter www.hamburg.de/fundbuero-online möglich. Der Fundbüro der Deutschen Bahn (inkl. S-Bahn): Hachmannplatz 10 am Hauptbahnhof, Tel. 0 90 01 99 05 99.

Kartenvorverkauf

bei der Hamburg Tourismus oder z.B. bei

▮ Elbphilharmonie Kulturcafé, Am Mönckebergbrunnen, Barkhof 3, Tel. 35 76 66 66

■ **Abendblatt Ticketshop** im Hanseviertel, Große Bleichen 36, Tel. 30 70 39 46

■ **CCH Ticketshop Dammtor-bahnhof**, Dag-Hammarskjöld-Platz, Tel. 41 30 99 94

Kulturinfos

■ Den Donnerstagsausgaben des Hamburger Abendblatts und der Hamburger Morgenpost liegt jeweils eine umfangreicher Veranstaltungs- und Kulturteil mit Wochenüberblick bei.

■ Das offizielle Stadtportal www.hamburg.de bietet Informationen zu allen wesentlichen Events.

■ Eine gute Suchfunktion hat die Seite www.hamburg-magazin.de

Notruf

■ **Polizei** Tel. 1 10

■ **Feuerwehr/Rettung** Tel. 1 12

■ **Ärztlicher Notfalldienst** Tel. 22 80 22

■ **Zahnärztlicher Notdienst** Tel. 0 18 05 05 05 18

Post

■ **Altstadt**, Mönckebergstraße 7, Levantehaus; Mo–Fr 9–19, Sa 9–15 Uhr

Telefon

Vorwahl für Hamburg ist 040

Touristeninformationen

■ **für Auskünfte, Hotel-buchungen**, Tickets: Tel. 30 05 13 00, www.hamburg-tourism.de

■ **Hamburg Information** am Hauptbahnhof, Eingang Kirchenallee, Mo–Sa 9–19, So, Fei 10–18 Uhr

■ **Tourist Information** am Hafen St. Pauli Landungs-brücken zwischen Brücke 4 und 5; Mo–Mi 9–18, Do–Sa 9–19 Uhr

■ Tourist Information Airport Office im Airport Plaza (zwischen Terminal 1 und 2) tgl. 6–23 Uhr

Öffentliche Verkehrsmittel

▮ **S- und U-Bahn, Busse** und Hafenfähren sind im Hamburger Verkehrsverbund HVV zusammengeschlossen und können mit einem Ticket benutzt werden. (Tel. 1 94 49, www.hvv.de).

▮ **Schnellbusse** erfordern einen Aufschlag.

▮ **Fähren:** Mit HamburgCard oder HVV-Ticket nutzt man die Fährlinien auf der Elbe: **Linie 62** verkehrt von den Landungsbrücken nach Finkenwerder über Fischmarkt, Dockland, Neumühlen, Övelgönne, **Linie 72** Landungsbrücken–Elbphilharmonie, **Linie 73** Landungsbrücken–Ernst-August-Schleuse (Wilhelmsburg), **Linie 74** pendelt zwischen Finkenwerder und Teufelsbrück. Die **Maritime Circle Line** (gehört nicht zum HVV): viermal tgl. zwischen Landungsbrücke 10 und Ballin-Stadt, durch Speicherstadt und HafenCity (www.maritime-circle-line.de).

▮ **Nachtverkehr:** Die U- und S-Bahnen sowie viele Buslinien fahren in den Nächten auf Samstag, Sonntag und vor Feiertagen durchgehend. In den übrigen Nächten verkehren Nachtbuslinien (Linien 600–688).

▮ **Tarife:** Das Tarifgebiet des HVV reicht weit in das Umland hinaus, alle Fahrten innerhalb der Hamburger Stadtgrenzen liegen jedoch im Großbereich. Eine **Einzelkarte** kostet je nach Entfernung: **Kurzstrecke** (1,40 €), **Nahbereich** (1,90 €) oder **Großbereich** (2,95 €). Die Gültigkeit ist in den Haltestellenaushängen angegeben. Praktisch: die **9 Uhr-Tageskarte** (1 Erwachsener und max. 3 Kinder: 5,80 €) und die **9 Uhr-Gruppenkarte** (bis fünf Erwachsene: 10,40 €) für beliebig viele Fahrten am Geltungstag.

Die Fahrkarte **Hamburg CARD** gibt es als Einzel- oder Gruppenticket für einen, drei oder fünf Tage, dazu erhält man ermäßigte Stadt- und Hafenrundfahrten oder Museumseintritte (www.hamburg-tourism.de).

Taxi

▮ **Hansa Taxi**: Tel. 21 12 11
▮ **Taxi Hamburg 6x6**: Tel. 66 66 66

Sightseeing

▮ **Stadtrundfahrt** u.a. mit den Roten Doppeldeckern ab Hauptbahnhof (Kirchenallee) oder Landungsbrücken sowie 25 weiteren Zustiegsmöglichkeiten (Tagesticket 17,50 €, mit Hamburg Card 15 €, Tel. 79 28 979, www.die-roten-doppeldecker.de)

▮ **Hafenrundfahrt** u.a. mit Elbreederei Abicht ab Landungsbrücken (18 €, Kinder bis 14 Jahre 9 €, Tel. 3 17 82 20, www.abicht.de), Barkassen Bülow ab Ponton Binnenhafen (15 €, Kinder bis 14 Jahre 5 €, Tel. 768 41 40, (www.barkassenvermietung-hamburg.com).

▮ **Rundgänge** Programm u.a.: www.hamburger-gaeste fuehrer.de (April-Okt.), www.stattreisen-hamburg.de; zu Fuß oder per Fahrrad: www.twietenkieker.de.

▮ **Segway Touren** Rundfahrten per Elektroroller (ab 59,80 €, Tel. 47 11 33 00, www.segway-citytour.de)

Fahrräder:

▮ **Stadtrad** (Tel. 8 22 18 81 00, www.stadtrad.hamburg.de), patentes Leihsystem mit über 120 Stationen. Zur Anmeldung und Ausleihe braucht man eine EC- oder Kreditkarte. Die ersten 30 Minuten sind kostenfrei, danach 4 ct./Minute, maximal 12 €/Tag.

▮ **Fahrrad-Taxi** (www.tri motion.de): erster Km 5 €, weitere Km 3 €, 30 €/h, auch als Stadtrundfahrt.

Die Autoren:

Elke Frey

lebt als freie Autorin in Hamburg. Sie begeisterte als Stadtführerin schon während ihres Geografiestudiums viele Besucher für die Stadt. Später zog es sie als Studienreiseleiterin in die weite Welt.

Carsten Ruthe

hat Geografie und Stadtplanung studiert und ist seit über zehn Jahren als Gästeführer in Hamburg unterwegs.

Impressum

GVG TRAVEL MEDIA GmbH
Ein Unternehmen der GANSKE VERLAGSGRUPPE
Harvestehuder Weg 41, D-20149 Hamburg
Redaktionsleitung: Grit Müller
Autor: Elke Frey, Carsten Ruthe
Lektorat: Buch und Gestaltung, Heide Ilka Weber
Layout: Polyglott Chaos Productions, München
Umschlaggestaltung: 4S_art direction, Svea Stoss, Köln
Satz: Buch und Gestaltung, Britta Dieterle
Kartografie: Theiss Heidolph
Kartografie Umschlag: Polyglott Kartografie

© 1. Auflage 2013 GVG TRAVEL MEDIA GmbH, Hamburg
Manufactured in China by Macmillan Production (Asia) Ltd.
ISBN 978-3-8464-6201-0

Bildnachweis:

Alamy/Caro: 113; Fotolia/a.ghizzi: 114; Fotolia/Biker: 13-2, 81-1, 82; Fotolia/Bild.Pix.de: 18-2, 78; Fotolia/crimson: 109-2; Fotolia/Borg Enders: 124; Fotolia/Marc Heiligenstein: 22; Fotolia/kameraauge: 13-1, 20, 29, 38, 121; Fotolia/Matthias Krüttgen: 34; Fotolia/Tim Müller-Zitzke: 14; Fotolia/Thorsten Nieder: 88; Fotolia/oro2011: 81-2; Fotolia/powell83: 42; Fotolia/Gina Sanders: 9; Fotolia/Starpics: 12, 25, 49; Fotolia/The Photos: 8; Fotolia/yeehaaa: 72; IBA Hamburg GmbH/Johannes Arlt: 98-1; IBA Hamburg GmbH/Martin Kunze: 97; iStockphoto/Oliver Hoffmann: 28; iStockphoto/Jürgen Sack: 53-2; laif/Bernd Jonkmanns: 33-1, 54, 68, 73-2; laif/Christian Kaiser: 118, 125-1; laif/Achim Multhaupt: 50-1; laif/Top/Maurice Rougemont: 74; laif/Frank Siemers: 24, 33-2, 73-1, 125-2; laif/Stefan Volk: 96; LOOK-foto/Arndt Haug: 46-2; LOOK-foto/Walter Schiesswohl: 76; Mauritius images/Alamy: 21, 50-2, 89, 94-2; Mauritius images/Ingo Boelter: 90; Mauritius images/ib/Justus de Cuveland: 106; Mauritius images/ib/Christian Ohde: 105-2; Mauritius images/Rainer Waldkirch: 112; Dirk Renckhoff: 6-2, 6-3, 6-4, 10-1, 16, 17, 37-1, 37-2, 53-1, 58, 64, 65, 66-1, 66-2, 69, 70-1, 70-2, 80, 84, 85, 86-1, 86-2, 92, 93, 94-1, 100-1, 101-1, 101-2, 102-2, 116, 117, 126, 128, 129, 130, 132, 133, 134, 135, 136, 137, 138, 139, 140, 141, 142, 143, 145, 146, 147; Carsten Ruthe: 77, 104, 105-1, 108, 109-1, 110, 122; Schmidt's Tivoli/Oliver Fantitsch: 144; Steigenberger Hotels und Resorts: 6-1, 131; Heide Ilka Weber: 10-2, 18-1, 26, 30, 32, 36, 40, 41, 44, 45-1, 45-2, 48, 52, 56, 57, 60-1, 60-2, 62, 98-2, 120.

www.polyglott.de

Alle Informationen stammen aus zuverlässigen Quellen und wurden sorgfältig geprüft. Für ihre Vollständigkeit und Richtigkeit können wir jedoch keine Haftung übernehmen. Ergänzende Anregungen bitten wir zu richten an:

GVG TRAVEL MEDIA GmbH

Redaktion Polyglott, Harvestehuder Weg 41,

D-20149 Hamburg, E-Mail: redaktion@polyglott.de

POLYGLOTT

Leipzig
on tour entdecken

Der Klassiker unter den Kompakt-Reiseführern mit der einzigartigen flipmap. POLYGLOTT on tour ersetzt spielend jeden Reiseleiter und führt mit ausgewählten Routen zu den wichtigsten Sehenswürdigkeiten dieser Stadt. Dazu lassen die Echtgut!- und Top-12-Tipps den Reisenden landestypisches Flair schnuppern.